En la ardiente oscuridad

Contemporánea
Teatro

ANTONIO
BUERO
VALLEJO

EN LA
ARDIENTE
OSCURIDAD

Edición y guía de lectura de Mariano de Paco

AUSTRAL

ESPASA

© Herederos de Antonio Buero Vallejo, 2002, 2006
© Espasa Libros, S. L. U., 2010
   Avinguda Diagonal, 662, 6.ª planta. 08034 Barcelona (España)
   www.espasa.com
   www.planetadelibros.com

Diseño de la colección: Compañía
Ilustración de la cubierta: Shutterstock
Primera edición: 2-X-1972
Trigésima séptima edición (primera en esta presentación): agosto de 2010
Trigésima séptima edición (octava en esta presentación): octubre de 2019

Depósito legal: B. 22.217-2011
ISBN: 978-84-670-3349-6
Impresión y encuadernación: CPI (Barcelona)
Printed in Spain - Impreso en España

Biografía

Antonio Buero Vallejo nació en Guadalajara en 1916. Su primera vocación fue la pintura y cursó estudios de Bellas Artes en Madrid. En 1936 se alista en el ejército republicano, y al término de la guerra es condenado a muerte. Finalmente se le conmuta la pena por treinta años de cárcel, aunque en 1947 es indultado. Consigue el Premio Lope de Vega en 1949 con *Historia de una escalera*, que es representada en el Teatro Español y con la que obtiene un rotundo éxito. Desde entonces, y pese a ciertos problemas de censura, los escenarios más importantes están abiertos al dramaturgo. Consiguió el Premio Nacional de Teatro en dos convocatorias sucesivas: 1956 (por *Hoy es fiesta*) y 1957 (por *Las cartas boca abajo*). En 1971 es elegido miembro de la Real Academia y en 1986 se le concede el Premio Cervantes. De entre sus obras destacan *En la ardiente oscuridad*, *El concierto de San Ovidio*, *El tragaluz* o *La Fundación*. Murió en Madrid en el año 2000.

ÍNDICE

INTRODUCCIÓN

A mis padres.
A María.

LOS INICIOS DEL TEATRO BUERIANO

Cuando Antonio Buero Vallejo abandona la cárcel en 1946, después de haber permanecido en distintas prisiones durante más de seis años, acusado de «adhesión a la rebelión» por su pertenencia al bando de los vencidos, intenta volver a la pintura, su temprana vocación. Pero ha transcurrido mucho tiempo sin el ejercicio necesario y advierte que «la pintura ya no me atrapaba, después de tantos años de no practicarla a fondo»[1], a pesar de que aún le sirve para cubrir, con los ingresos que con ella obtiene, algunas necesidades menores.

En los años de reclusión había realizado Buero múltiples dibujos (entre ellos, el célebre retrato de Miguel Hernández, hecho en la prisión de Conde de Toreno en 1940) y escrito «bastantes cosas» sobre pintura. Poco después de encontrarse en libertad comienza su actividad literaria. La ceguera y su valor simbólico constituían una antigua preocupación suya, y este tema se le presenta también en la conversación con un amigo

---

[1]   Mariano de Paco, «Buero Vallejo y el teatro» (entrevista), en AA. VV., *Antonio Buero Vallejo. Premio Miguel de Cervantes 1986,* Barcelona, Anthropos-Ministerio de Cultura, 1987, pág. 58.

cuyo hermano se educaba en un colegio para ciegos [2]. Piensa entonces en escribir una novela, «pero al esbozar un concreto plan narrativo diose cuenta de que la contextura del asunto y de los conflictos en que se traducía resultaba mucho más propicia para el teatro que para la novela» [3]. El teatro, afición arraigada desde la infancia junto con la de la pintura [4], se había impuesto [5], quizá por un «destino personal» de cuya existencia decía años después el dramaturgo no estar muy seguro [6].

La primera obra dramática de Buero Vallejo fue, pues, EN LA ARDIENTE OSCURIDAD, redactada en una semana del mes de agosto de 1946. Pasados unos días, la leyó a algunos miembros de su tertulia del Café Lisboa, a los que satisfizo más que

---

[2]   Antonio Buero Vallejo, «Comentario» a *En la ardiente oscuridad,* Madrid, Alfil, colección Teatro, 3, 1951, pág. 86. En «Hablando con Buero Vallejo», en *Sirio,* núm. 2, abril de 1962, pág. 4, afirmó: «[El tema de los ciegos] siempre me interesó, en la vida y en el arte. Me ha captado, desde Tiresias y Edipo. Quizá, como quise ser pintor, me acongojó especialmente la idea de la falta de vista. Hace muchos años, cuando era un muchacho, intenté escribir un cuento acerca de un pintor que, perdida la visión, siguió pintando. Luego, el tema me ha seguido por sus implicaciones filosóficas y humanas».

[3]   Carlos Fernández Cuenca, «En sólo una semana escribió Buero Vallejo la primera versión de *En la ardiente oscuridad*», en *Correo Literario,* 69, abril de 1953, pág. 12.

[4]   Véase Mariano de Paco, «Buero Vallejo y el teatro», ob. cit., págs. 47-48.

[5]   Interesante recuerdo de su rara dedicación a la narrativa es *Diana,* «cuentecillo» escrito hacia 1948 «para uno de los privadísimos concursos celebrados en la inolvidable tertulia del Cafe Lisboa». Fue publicado por vez primera en el *Homenaje a Gonzalo Torrente Ballester* (Salamanca, Caja de Ahorros y Monte de Piedad, 1981) e incluido después en *Marginalia* (Madrid, Club Internacional del Libro, 1984) junto a la mayor parte de los poemas de Buero Vallejo.

[6]   Antonio Buero Vallejo, «El teatro de Buero Vallejo visto por Buero Vallejo», en *Primer Acto,* 1 de abril de 1957, págs. 4-5. A las preguntas de Salvador Pániker *(Conversaciones en Madrid,* Barcelona, Kairós, 1970, pág. 178), sobre su elección del teatro como medio de expresión, respondía Buero: «No sabría racionalizarlo. En principio se es escritor; luego viene la especialización. Yo nací bastante especializado. Esquematizando, podría decirse que cuando un escritor ve la vida formada por "situaciones" es un dramaturgo».

al propio autor, que, en 1950, la sometió a una cuidadosa revisión anterior a su estreno[7]. A continuación escribe *Historia despiadada* (también tuvo el título de *Victorina*), que no ha dado a conocer, e *Historia de una escalera* (cuyo título inicial, *La escalera,* hubo de modificar al advertir que coincidía con el de una obra de Eusebio García Luengo). *Otro juicio de Salomón,* de 1948, ha seguido la misma suerte que *Historia despiadada.* Igualmente «olvidado» quedó el proyecto de *Nos están mirando,* del que Buero escribió un primer acto en 1948 o 1949. En él, según nos ha manifestado el autor, «pretendía desnudar poco a poco el escenario bajo una vaga sensación de ser mirados por ojos insospechables, hasta que al final los personajes descubrían que era el público quien los miraba y los juzgaba»[8].

De 1948 es *Las palabras en la arena,* única pieza bueriana en un acto, premiada en la tertulia del Café Lisboa y, más tarde, por la Asociación de Amigos de los Quintero[9]. En el año siguiente Buero escribió *El terror inmóvil,* que ha permanecido inédita durante treinta años[10], y *Aventura en lo gris,* de la que se conocen sus dos redacciones[11].

Mientras tanto, para atender a sus menesteres vitales, Antonio Buero Vallejo se dedica a otras ocupaciones: «Fui un aspi-

---

[7]   Véase Antonio Buero Vallejo, «Comentario» a *En la ardiente oscuridad,* cit., pág. 85.

[8]   Carta particular de Antonio Buero Vallejo, 1 de octubre de 1973. *Historia despiadada, Otro juicio de Salomón* y el único acto de *Nos están mirando* han sido «definitivamente desechados» por el autor (carta particular, 3 de noviembre de 1989).

[9]   La Asociación seleccionó tres obras, que se representaron en el Teatro Español (19 de diciembre de 1949), y el público otorgó el premio primero a *las palabras en la arena.*

[10]   El segundo acto se publicó, con el subtítulo «Fragmentos de una tragedia irrepresentable», en el número 100, colectivo y conmemorativo, de la Colección de Teatro, Madrid, Alfil, 1954. La obra completa, con Nota preliminar de Buero Vallejo e Introducción y notas de Mariano de Paco, en Cuadernos de la Cátedra de Teatro, Murcia, Universidad, 1979.

[11]   La primera versión apareció en la revista *Teatro* (núm. 10, enero-febrero-marzo de 1954) y en la colección Escena (Madrid, Puerta del Sol, 1955). Desde el estreno, en 1963, se ha venido publicando la segunda.

rante a forzado editorial, como suele ocurrir con muchos jóvenes de los que se creen con algún talento. El forzado editorial es un bicho bastante conocido, que se caracteriza por pasarse la vida trabajando en el Ateneo para cobrar por tres o cuatro meses de labor erudita unas mil pesetas o muy poco más. Pero no me quejo, porque se trata de algo que incluso hacen alguna que otra vez ilustres figuras de las letras españolas, cargadas de laureles. Es una realidad de la vida literaria, de la que no son directamente responsables ni los autores ni los editores»[12]. Así compuso un estudio crítico-biográfico sobre Gustavo Doré para el *Viaje por España,* de Charles Davillier, con ilustraciones de Doré, que publicó la Editorial Castilla.

A finales de 1948, el Ayuntamiento de Madrid convocó el Premio Lope de Vega, interrumpido desde antes de la guerra civil. Buero se presentó a él con EN LA ARDIENTE OSCURIDAD y con *Historia de una escalera,* enviándolas con apariencias distintas: «Copié —dice— una de ellas en holandesas y la otra en folios para despistar a los posibles perdigueros de semejanzas, y no las entregué en días diferentes por pura indolencia»[13]. Ambas resultaron finalistas y el premio recayó en *Historia de una escalera,* que se estrenó en el Teatro Español de Madrid el 14 de octubre de 1949, con inesperado éxito[14], lo que hizo que la obra se mantuviese en cartel hasta enero del siguiente año y que se suspendiera por vez primera la representación anual de *Don Juan Tenorio.* La crítica periodística supo ya apreciar la profunda novedad de la pieza, y la perspectiva otorgada por el tiempo ha permitido destacar su valor de cambio y de renovación en la escena española de posguerra.

---

[12] Carlos Fernández Cuenca, entrevista citada, pág. 12.

[13] «¿Cómo recibió su premio? Antonio Buero Vallejo, "el Lope de Vega 1949" por *Historia de una escalera»,* en *Índice,* 50, 15 de abril de 1952.

[14] Buero lo ha recordado recientemente en la entrevista de José Luis Vicente Mosquete «Antonio Buero Vallejo, sonrisas y lágrimas», en *Cuadernos El Público,* abril de 1986, pág. 15.

EN LA ARDIENTE OSCURIDAD ha sido siempre obra preferida del autor por encima de *Historia de una escalera,* como en el mismo «Comentario» señaló. Muchos años después insistía en esa opinión: «Cuando estrené EN LA ARDIENTE OSCURIDAD sostuve contra viento y marea, aunque algo resignado porque no se me escuchaba demasiado, que la línea que proponía esta obra era mejor que la de *Historia de una escalera,* que gran parte de la crítica y de la juventud más progresista de entonces entendió que era mi vía buena. A mí me parece que el paso del tiempo ha venido a darme en este sentido la razón, y que EN LA ARDIENTE OSCURIDAD era una obra, por decirlo así, más cargada de futuro, teatralmente hablando» [15]. Y en una entrevista más reciente precisaba que EN LA ARDIENTE OSCURIDAD «era el embrión de todo mi teatro», ya que «en las etapas posteriores de mi labor, ésta parece haberse ido desarrollando más en la línea de EN LA ARDIENTE OSCURIDAD que en la de *Historia de una escalera,* aunque ésta haya reaparecido en parte en obras posteriores» [16].

No cabe duda de que EN LA ARDIENTE OSCURIDAD e *Historia de una escalera* pueden considerarse raíz del teatro de su autor, no sólo por su prioridad crontológica, sino, lo que es más importante, porque en ellas se advierten las más notables preocupaciones temáticas y formales de la dramaturgia bueriana y sus principales direcciones. Con ellas se da el primer paso para lograr ese «teatro diferente, ambicioso y responsable» [17] que Buero se plantea desde sus comienzos. Ambas se enfrentan, de modo complementario, a la sociedad en la que el autor vivía, y en una y otra los aspectos reales y simbólicos están indisolublemente imbricados dentro de una personal cosmovisión trágica.

---

[15] Diego Galán y Fernando Lara, «Buero Vallejo: ¿Un "tigre domesticado"?», en *18 españoles de posguerra,* Barcelona, Planeta, 1973, pág. 240.

[16] Perfecto Esteban Cuadrado, «Entrevista a Buero Vallejo», en *Adhuc,* 1, 1979, pág. 24.

[17] Mariano de Paco, «Buero Vallejo y el teatro», cit., pág. 58.

Desde EN LA ARDIENTE OSCURIDAD hasta *Música cercana,* Antonio Buero Vallejo se ha propuesto llevar a cabo un teatro trágico. Su más decidido intento al determinarse a la creación dramática es el de hacer llegar a la escena un género que refleje los más hondos anhelos e inquietudes del ser humano. En «un panorama español soberanamente dificultoso» [18], la tragedia es un arriesgado y necesario modo de expresión teatral, puesto que «la tragedia no sólo puede llegar a promover depuraciones catárticas, que por serlo son ya transformadoras, sino además una crítica inquietante, una ruptura en el sistema de opiniones que hombres y sociedades se forjan para permanecer tranquilos» [19].

LA CEGUERA, TEMA Y SÍMBOLO

Con EN LA ARDIENTE OSCURIDAD inicia Buero uno de sus grandes temas: el de la ceguera. El drama se desarrolla en un colegio para ciegos de nacimiento. Cuando Ignacio llega a él, se vive allí en una ingenua y despreocupada felicidad, sustentada precisamente en rehuir la deficiencia que a todos aqueja, en soslayar el problema haciendo como si en realidad no existiese. Ignacio no puede comprender, y menos aceptar, su «seguridad» y su «alegría» falsas y se niega a abandonar el bastón, signo escénico de la consciente aceptación de la ceguera y disonante instrumento en ese utópico paraíso de los «invidentes» que dirige don Pablo, otro ciego que le parece «un hombre absurdamente feliz».

La oposición entre la postura del recién venido y la de Carlos, el mejor alumno y el más conspicuo representante de la «moral de acero» que el centro impone con su «pedagogía»,

---

[18] Antonio Buero Vallejo, «De mi teatro», en *Romanistisches Jahrbuch,* 30, 1979, pág. 218.
[19] Antonio Buero Vallejo, «Sobre la tragedia», en *Entretiens sur les Lettres et les Arts,* XXII, 1983, pág. 55.

no tarda en manifestarse. Ante ello, todos intentan introducir a Ignacio dentro del sistema del colegio por medio de fáciles y superficiales soluciones. Pero Ignacio se rebela ante esa situación que tiene a unos y a otros «envenenados de alegría». Por las súplicas de Juana, novia de Carlos, accede a quedarse en el internado, no sin antes expresar que la contienda llegará pronto porque no está dispuesto a abandonar su voluntad de ver: «¡Sí! ¡Ver! ¡Aunque sé que es imposible!, ¡ver! Aunque en este deseo se consuma estérilmente mi vida entera, ¡quiero ver! ¡No puedo conformarme. No debemos conformarnos. ¡Y menos, sonreír! Y resignarse con vuestra estúpida alegría de ciegos, ¡nunca!». Es el momento final del primer acto, en el que Ignacio consigue una significativa victoria cuando Carlos busca a Juana, la llama y ella no contesta, con lo que éste «pierde su instintiva seguridad; se siente extrañamente solo. Ciego».

La transformación del centro se presenta de inmediato. Simbólicamente, en el acto segundo el frondoso follaje que proporcionaba al ambiente «una gozosa claridad submarina» se ha convertido en el puro esqueleto de las ramas y el suelo se encuentra cubierto de hojas secas. Ignacio ha ido ganando adeptos que se aproximan a sus ideas, entre ellos Juana y Miguelín, con lo que se rompen las dos parejas de novios (quizá la más notable muestra del poder que adquiere Ignacio), y el espectador se identifica progresivamente con él. Su actitud negativa de no admitir la ilusión de normalidad es tan sólo el paso inicial para luchar a partir de la consciencia. En la base de la irreconbiliable contraposición entre Carlos e Ignacio se encuentra la «mentira» sobre la que el centro se funda y que éste no quiere aceptar.

Junto a las razones especulativas y junto a los principios existen también motivos vitales en el comportamiento de Ignacio. Enamorado de Juana, desea y procura que se convierta en compañera de anhelos y de vida: «¡Me quieres con mi angustia y mi tristeza, para sufrir conmigo de cara a la verdad y de espaldas a todas las mentiras que pretenden enmascarar nuestra desgracia!». Con ello une su búsqueda de autenticidad con el amor a una ciega verdadera, que representa «un valor distinto»: el de la vida[20].

La situación del colegio se agrava peligrosamente, la inseguridad de los alumnos aumenta y cunde la desmoralización (el debilitamiento de la «moral de acero»). El director pide a Carlos que convenza a Ignacio de que se marche, con palabras que se teñirán más tarde de un trágico sentido irónico. Trágicamente irónicas fueron también las frases del mismo don Pablo al asegurar al padre de Ignacio que nada podría ocurrir a éste al dejarse resbalar por el tobogán, a pesar de su altura.

De este tobogán se supone que ha caído Ignacio, cuando, en realidad, Carlos le ha dado muerte. Doña Pepita, la esposa del director, lo observa y calla[21]. De poco, pues, le sirve la vista, como no les aprovecha a quienes no quieren ver. La verdad oficial, con su interesada complicidad, es que «Ignacio se ha matado», y se piensa que quizá haya sido mejor para él, porque «no estaba hecho para la vida», y que la normalidad volverá, después de esa muerte, al colegio. Hay, sin embargo, un rotundo cambio de perspectiva al repetir Carlos, inmediatamente antes de caer el telón, unas palabras pronunciadas por Ignacio: «... Y ahora están brillando las estrellas con todo su esplendor, y los videntes gozan de su presencia maravillosa. Esos mundos lejanísimos están ahí, tras los cristales... ¡Al alcance de nuestra vista!..., si la tuviéramos...»[22].

---

[20]   Ángeles Soler Guillén, «La victoria de lo imposible», en *Sirio,* núm. 2, abril 1962, págs. 18-19.

[21]   Luis Iglesias Feijoo *(La trayectoria dramática de Antonio Buero Vallejo,* Santiago de Compostela, Universidad, 1982, pág. 82) afirma que la presencia de doña Pepita, ajena a todo nivel simbólico, se justifica por necesidades de la acción, ya que es «el único medio de que el espectador sepa sin lugar a dudas que Ignacio ha sido muerto por Carlos».

[22]   En «Ibsen» y Ehrlich *(Informaciones,* 4 de abril de 1953, pág. 10), refiriéndose Buero Vallejo a las acusaciones que contra Ibsen se produjeron por *Espectros,* comenta que «nada tiene de extraño, pues toda palabra de valor y de verdad suele correr entre los hombres igual suerte inicial, y la misma palabra de Cristo no se libró de ello». Sin embargo, *Espectros* abrió su camino y «la verdad se abrirá camino».

En *Historia de una escalera,* Fernando y Carmina hijos dicen en la escena final unas frases de sus padres al confesarse, como ellos hicieran, su amor. También en EN LA ARDIENTE OSCURIDAD el recuerdo de palabras anteriores señala el verdadero significado del drama. Estamos ante un procedimiento similar con un valor distinto. Allí se dejaba totalmente en manos del espectador juzgar el sentido de la repetición. Ahora se percibe con claridad que Carlos se identifica con los pensamientos de su adversario, se «impregna» de sus «imposibles» deseos y aspiraciones (justo al revés de lo que doña Pepita, como los demás, pretendía: «La cuestión se reduce a impregnar a ese Ignacio, en el plazo más breve, de nuestra famosa moral de acero»).

En este sentido, todo vuelve a comenzar, ahora sin Ignacio, pero con su doctrina fructificada. El mensaje de quien tenía para Elisa una apariencia de «Cristo martirizado» ha producido, tras la muerte, los mejores resultados. Ello nos lleva a advertir la dimensión simbólica del drama, que excede con toda evidencia la de los sucesos concretos que en él tienen lugar para entrar en un segundo nivel más fecundo por su alcance.

Buero Vallejo señalaba, en la «Autocrítica» de EN LA ARDIENTE OSCURIDAD, que no pretendía en esa «sombría» pieza un reflejo de «un extenso sector de nuestros semejantes que puede, con mucha razón aparente, encontrarse en ella inhábil e indebidamente retratado»: «No es a ellos, en realidad, a quienes intenté retratar, sino a todos nosotros»[23]. No impidió este cauteloso aviso que algunos ciegos se quejasen[24], lo que dio lugar a una respuesta del autor en la que insistía en el valor simbólico de sus personajes, al tiempo que precisaba que no creía una equivocación el referirse a ciegos de nacimiento[25]. En diversas ocasiones se le ha reprochado desde entonces el

---

[23]   *ABC,* 1 de diciembre de 1950, pág. 31.

[24]   Véase F. de Castro Arduengo, «Los ciegos protestan del drama que se representa en el teatro María Guerrero», en *Pueblo,* 9 de diciembre de 1950.

[25]   Antonio Buero Vallejo, «No intento ningún parecido de fondo con los ciegos auténticos», en *Pueblo,* 12 de diciembre de 1930, pág. 7.

«error» de atribuir a un ciego de nacimiento la angustia de la
luz, lo que proviene de juzgar la obra desde presupuestos distintos a aquellos con los que se concibió. En el «Comentario»
se reafirmaba Buero en la elección de un ciego de nacimiento
como sujeto de las ambiciones de Ignacio y consideraba este
punto «columna vertebral de la obra»[26].

Parece incontestable la licitud de utilizar simbólicamente a
esos personajes (a otros cualesquiera), pero creo conveniente recordar, además, las palabras de un profundo conocedor del teatro
de Buero, y también de la realidad de la cuestión por su condición de ciego, Enrique Pajón Mecloy, que no ve en ello inverosi-
militud alguna: «Se trata de algo inaccesible, pero cuyos efectos
se están comprobando constantemente en los demás, de algo que
está produciendo una limitación en las posibilidades físicas y en
el conocimiento. Sobre todo, esta limitación en el conocimiento
origina una sensación de angustia, de carácter creciente a medida que es mayor el grado de cultura de los ciegos que lo son de
nacimiento, o que, al menos, no recuerdan la visión»[27].

El símbolo de la ceguera alude a las deficiencias de los seres
humanos en general. «La ceguera es una limitación del hombre»[28], y la luz y la oscuridad representan simbólicamente la
verdad o su carencia[29]. Los ciegos y los sordos que encontra-

---

[26]   Antonio Buero Vallejo, «Comentario» a *En la ardiente oscuridad,*
cit., pág. 88.

[27]   Enrique Pajón Mecloy, ¿Ciegos o símbolos?», en *Sirio,* núm. 2, abril
de 1962, pág. 14. Reproducido en Mariano de Paco, ed., *Estudios sobre
Buero Vallejo,* Murcia, Universidad, 1984, págs. 239-245.

[28]   Antonio Buero Vallejo, «La ceguera en mi teatro», en *La Carreta,*
núm. 12, septiembre de 1963, pág. 5.

[29]   Véase Martha T. Halsey, «"Light" and "Darkness" as dramatic sym-
bols in two tragedies of Buero Vallejo», en *Hispania,* L., 1, marzo de 1967,
págs. 63-68; y «Reality versus illusion: Ibsen's *The Wild Duck* and Buero Vallejo's *En la ardiente oscuridad»,* en *Contemporary Literature,* XI (1970),
págs. 48-57. Sobre la relación de *En la ardiente oscuridad* con el simbolismo
de Ibsen, puede verse también Robert L. Nicholas, *The Tragic Stages of Antonio Buero Vallejo,* Valencia, Estudios de Hispanófila, University of North
Carolina, 1972, págs. 30-33.

mos en las obras de Buero Vallejo nos están hablando de «la constitutiva limitación de nuestra realidad en tanto que hombres», y al tiempo, de la necesidad «de vivir como problema nuestra limitación», según apuntó Pedro Laín Entralgo[30].

Buero ha utilizado reiteradamente este símbolo, que enlaza directamente con el mito de Tiresias, el ciego adivino que, privado de la visión física, es capaz de «ver» lo que los seres dotados de ella no alcanzan a percibir[31]. Como apreció Jean-Paul Borel, la mayor parte de los lisiados de Buero, de los personajes que sufren alguna grave carencia (ceguera, sordera, locura...), poseen una especie de «segunda vista» o de «sexto sentido»[32] que profundiza en lo esencial, dejando de lado las apariencias comunes.

SUEÑOS Y ACCIÓN

Ignacio es, en efecto, alguien que ve de otro modo la realidad. Al afirmarse como ciego entre aquellos que, con idénticas carencias, se autodeterminan «invidentes», está mostrando una más cabal comprensión de lo real y se configura como un personaje trágico que pretende a toda costa ser fiel a la verdad. El conocimiento de su condición es lo que le permite la perse-

---

[30] Pedro Laín Entralgo, «La vida humana en el teatro de Buero Vallejo», en AA. VV., *Antonio Buero Vallejo. Premio Miguel de Cervantes [1986]*, Madrid, Biblioteca Nacional, 1987, págs. 22-23.

[31] Véase Luis Iglesias Feijoo, *La trayectoria dramática de Antonio Buero Vallejo*, ob. cit., págs. 77 y sigs.

[32] Jean-Paul Borel, «Buero Vallejo ¿vidente o ciego?», en Antonio Buero Vallejo, *El concierto de San Ovidio*, Barcelona, Aymá, 1962, pág. 10. No olvidemos, sin embargo, que estas deficiencias tienen a veces un valor diferente, como en el caso de quienes se refugian en ellas de modo evasivo (abuela de *La doble historia del doctor Valmy* o Tomás en *La Fundación*) o de aquellos que las reciben como un castigo (pérdida de la capacidad creativa en *La señal que se espera* o alucinaciones del protagonista en *Lázaro en el laberinto*). En algún caso la limitación posee una funcionalidad múltiple en el mismo personaje, como ocurre con Julio en *Llegada de los dioses*.

cución de lo imposible y lo lleva a despreciar la resignación. En su ardiente oscuridad (ceguera externa mientras está «ardiendo por dentro; ardiendo con fuego terrible») emprende una mesiánica lucha («yo os voy a traer guerra y no paz»)[33] contra quienes propugnan una «ceguera tranquila».

Personaje de raigambre unamuniana[34], Ignacio encarna frente a Carlos la dialéctica relación entre el *soñador* y el *hombre de acción,* que significan modos distintos y complementarios de actuación individual y que, con distintas peculiaridades, aparecen en muchas obras dramáticas de Buero Vallejo. Carlos afirma: «Sabéis que soy un hombre práctico»; Ignacio está poseído por «la esperanza de la luz». La actitud de Carlos es básicamente inauténtica, mientras que Ignacio es el personaje más puro de la obra; pero ni aquél contiene toda la maldad ni ése representa el bien sin resquicio alguno. Para conseguirlo se precisa la integración de *sueños y acción,* que no suele presentarse en el teatro como tampoco es frecuente en la vida. Porque «es constante humana mezclar de forma inseparable la lucha por los ideales con la lucha por nuestros egoísmos; a ve-

---

[33] David Johnston, en su Introducción a Antonio Buero Vallejo, *El concierto de San Ovidio,* Madrid, Espasa Calpe, colección Austral, 1989, págs. 38-39, señala que en el último nivel de significado de la «parábola» que es *El concierto de San Ovidio,* «la vida de David asume cierto paralelismo con la de Cristo» y piensa que «en términos amplios, David evoca el espíritu de la declaración mesiánica de Ignacio, en *En la ardiente oscuridad,* de que quiere "traer guerra, y no paz"». Recordemos a este propósito la cita evangélica que figura al frente de *En la ardiente oscuridad:* «Y la luz en las tinieblas resplandece; mas las tinieblas no la comprendieron», que tanto puede aplicarse a Cristo como a Ignacio o a David.

[34] La relación entre la obra de Buero y la de Unamuno ha sido repetidas veces comentada por la crítica. Es conocido, por otra parte, que Buero considera a Miguel de Unamuno como uno de sus más grandes maestros (véase «Antonio Buero Vallejo habla de Unamuno», en *Primer Acto,* 58, noviembre de 1964, pág. 19). *En la ardiente oscuridad,* con el *Tragaluz,* es el drama en el que más se advierte tal conexión. Pueden verse Luis Iglesias Feijoo, *La trayectoria dramática de Antonio Buero Vallejo,* cit., págs. 59 y sigs., e Ida Molina, «Truth versus Myth in *En la ardiente oscuridad* and in *San Manuel Bueno mártir»,* en *Hispanófila,* 52 (1974), págs. 45-49.

ces sólo luchamos por éstos cuando decimos o creemos combatir por aquéllos. Tan intrincada es esta mezcla entre nuestro barro y nuestro espíritu, que la costumbre de separarlos en el teatro sólo conduce, por lo común, a la creación de comedias convencionales»[35].

En ocasiones, sin embargo, Buero crea algunos personajes femeninos que simbolizan un equilibrio. Mayor perfección se da en otros que no aparecen físicamente en escena y quedan como un ideal al que aspirar. Es lo que ocurre con Ferrer Díaz en *Las cartas boca abajo,* con Eugenio Beltrán en *El tragaluz,* con Fermín en *Jueces en la noche* y con Silvia en *Lázaro en el laberinto.* EN LA ARDIENTE OSCURIDAD ofrece otro modelo de conciliación, puesto que al concluir el drama Carlos repite, según he anticipado, las palabras de Ignacio, y queda vivificado con las ideas del que fue su oponente. Carlos, como le dice doña Pepita momentos antes, «no ha vencido». Ignacio ha muerto. Si éste paga con ello sus «errores o excesos», Carlos paga por los suyos transmitiendo el mensaje de aquél, en una especie de prometedora y esperanzadora superación del mito cainita[36].

Los dramas históricos permitirán a Buero introducir la perspectiva temporal, que nos hace ver que el mundo y la organización de la sociedad no son inmutables y que en la actualidad es posible lo que en otro tiempo no lo era, gracias también a acciones personales. Pero antes de llegar a esa consideración histórica, cabe observar en EN LA ARDIENTE OSCURIDAD cómo la actuación de Ignacio ha podido transformar la realidad.

Es el espectador quien ha de advertir la virtualidad de las postreras palabras del drama y él es quien ha de llevar a término la apertura trágica que ese final ofrece. Puesto que «la

---

[35] Antonio Buero Vallejo, «Comentario» a *En la ardiente oscuridad,* cit., págs. 91-92.
[36] Acerca de este mito, *españolizado* por Unamuno y otros autores del 98, véase Ricardo Doménech, *El teatro de Buero Vallejo,* Madrid, Gredos, 1973, págs. 276-282.

acción catártica de la tragedia facilita, en cierto modo, que el espectador medite las formas de evitar a tiempo los males que los personajes no acertaron a evitar»[37].

Un aspecto de singular importancia en la ambivalente personalidad de Ignacio es el de su relación con Juana. La atracción que la novia de Carlos ejerce sobre él es un motivo de lucha, como lo son sus aspiraciones imposibles. No está Ignacio «desprovisto de razones vitales», y esto lo convierte en un ser humano y no en una abstracción idealizada; pero, por eso mismo, se muestra dominado por intereses egoístas que conviven con sus pensamientos desinteresados. Juana, que accede al amor de Ignacio a través de la compasión, vuelve después de su desaparición a Carlos, quizá transformada por su influencia, como Penélope, en *La tejedora de sueños,* tras la muerte de Anfino.

SENTIDO METAFÍSICO Y VALOR SOCIAL

En LA ARDIENTE OSCURIDAD guarda notoria relación con otro drama de Buero, estrenado doce años más tarde, *El concierto de San Ovidio.* Uno y otro tienen como elemento central el mundo de los ciegos. Tanto Ignacio como David, sus protagonistas respectivos, son rebeldes que se levantan contra una situación injusta que los somete y les impide su realización personal. Entre estas obras existe, sin embargo, una acusada diferencia, que Enrique Pajón puso de manifiesto en un conocido artículo: EN LA ARDIENTE OSCURIDAD plasmaba simbólicamente a sus personajes ciegos, puesto que en ella se hablaba «a cada hombre como tal de la ceguera en que se halla sumido, de la limitación que le envuelve», mientras que en *El concierto de San Ovidio* se habla «a la sociedad entera, y los

---

[37] Antonio Buero Vallejo, «La juventud española ante la tragedia», en *Yorick,* 12, febrero de 1966, pág. 5.

ciegos están tomados a modo de ejemplo de la opresión del débil por el fuerte» [38].

No mucho después, escribía el propio Buero Vallejo: «De los dos polos de toda dramaturgia completa, el que podríamos llamar polo filosófico, o acaso metafísico, y el que podríamos llamar polo social, mi primera obra de ciegos se inclina con preferencia hacia el primero, y esta última hacia el segundo» [39]. Como he ido apuntando, la consideración metafísica es esencial en EN LA ARDIENTE OSCURIDAD [40]. Ignacio quiere la autenticidad, pretende la libertad, desea superar el engaño y el falso bienestar, lograr lo imposible. Carlos lo llama «mesiánico desequilibrado» y lo acusa de querer morir, y él responde que «quizá la muerte sea la única forma de conseguir la definitiva visión». Representa Ignacio al ser humano que persigue una existencia «auténtica» y se debate entre la angustia y la esperanza, entendidas como acentuación o pérdida de relieve de sus posibilidades de superación de los propios límites. «La rebelión de esta tragedia es más ontológica que práctica» [41], efectivamente, sobre todo si la ponemos en relación con *El Concierto de San Ovidio.*

Cabe recordar en este momento que en varias ocasiones se ha hablado del existencialismo de Buero, en el que tendría principal papel EN LA ARDIENTE OSCURIDAD. Francesco Vian se refirió a ello tempranamente [42] y señalaba que en esta obra

---

[38]   Enrique Pajón Mecloy, «De símbolos a ejemplos», en *Sirio,* núm. 9, enero de 1963, pág. 11.

[39]   Antonio Buero Vallejo, «La ceguera en mi teatro», cit., pág. 5.

[40]   José Luis Abellán («El tema del misterio en Buero Vallejo», en *Ínsula,* 164, mayo de 1961, pág. 15) se refiere a la existencia en el drama de una «realidad trascendente» y a las semejanzas con el mito platónico de la caverna. Enrique Pajón («¿Ciegos o símbolos?», cit., pág. 12) afirma que la obra es «el mito de la Caverna de Platón con influencia del agnosticismo kantiano».

[41]   Joaquín Verdú de Gregorio, *La luz y la oscuridad en el teatro de Buero Vallejo,* Barcelona, Ariel, 1977, pág. 100.

[42]   Francesco Vian, «Il teatro di Buero Vallejo», en *Vita e Pensiero,* marzo de 1952, pág. 169.

podía advertirse algún eco de cierta dramaturgia última, por ejemplo del Anouilh de *Antígona* y del Sartre de *Huis-clos*. Pero creía que el drama bueriano era más humano y concreto que el teatro existencialista[43]. En una entrevista, de particular interés al respecto, indicaba Buero: «Ello no quiere decir que yo profese de una manera racional el existencialismo como filosofía. Probablemente no lo profeso. Pero sí encuentro que cuando me sitúo en el terreno dramático no puedo dejar de ser, en cierto grado, existencial. [...] El acierto del existencialismo ha sido ése: el revelarnos de nuevo el carácter radical de la vida humana como conflicto, como angustia, como vivencia, como problema cuyas soluciones no pueden captarse del todo»[44]. Mencionaba también a Unamuno como ejemplo de una de las formas de existencialismo que él considera más propias.

Es claro que en la producción bueriana, y de modo particular en EN LA ARDIENTE OSCURIDAD, hay temas y aspectos relacionados con la literatura que puede llamarse existencialista: la búsqueda de la autenticidad y del hombre concreto; la preocupación por indagar el sentido último de la existencia; el interés por la libertad, la elección y los valores éticos; el constante trasfondo metafísico, en especial acerca de las limitaciones humanas y de la temporalidad; la atención a las vías no racionales de conocimiento; o el concepto de problematicidad en la creación literaria. Más, sin embargo, que de influjos precisos hemos de hablar de tendencias comunes, de lo que Guillermo de Torres ha llamado «el aire del tiempo; la influencia de cierta atmósfera que a todos los espíritus inmersos en ella

---

[43]   Rafael Benítez Claros se ocupó de este aspecto, con muy negativos resultados, en sus artículos «Existencialismo en la escena española», en *La Estafeta Literaria,* núm. 105, 23 de noviembre de 1957, págs. 8-10, y «Buero Vallejo y la condición humana», en *Nuestro Tiempo,* núm. 107, mayo de 1963, págs. 581-593.

[44]   Bernard Dusley, «Entrevista a Buero Vallejo», en *Modern Language Journal,* L (1966), pág. 153.

alcanza»[45] y que en España se percibe en esos años en las distintas manifestaciones literarias.

El significado de EN LA ARDIENTE OSCURIDAD no se agota, no obstante, en su dimensión metafísica. Jean-Paul Borel sugería un importante alcance social: «Hay potencias interesadas en que el hombre se crea feliz. En nuestra sociedad occidental, la ilusión de la felicidad es una de las condiciones del buen funcionamiento de ciertas instituciones y de ciertos tipos de organizaciones económicas y comerciales. Para crear esta ilusión, los que tienen interés en hacerlo hacen a los otros, en efecto, *un poco* felices...»[46]. Ricardo Doménech ha puesto en relación ambos sentidos: «No somos libres y no podemos conocer el misterio que nos rodea, porque, *además,* vivimos en una sociedad organizada desde y para la mentira, una sociedad que se empeña en convencernos de que no somos ciegos, es decir, de que somos libres y felices, cuando en realidad no somos libres y somos desgraciados»[47].

La ilusión de normalidad y de felicidad en el centro es la condición necesaria para su buen funcionamiento, como lo son para el de la sociedad las compensaciones y los sustitutivos que hacen desconocer u olvidar la verdadera realidad. Recordemos la función lenitiva de la «pedagogía» —que más tarde se empleará en *Mito* en una situación dramática equivalente— o la finalidad que persigue el convencimiento de que es precisa una «moral de acero». En este sentido, si *Historia*

---

[45]   Guillermo de Torres, *Ultraísmo, Existencialismo y Objetivismo en Literatura,* Madrid, Guadarrama, 1968, pág. 186. En carta particular (1 de octubre de 1973) nos indicó Buero: «Cuando yo escribía mis primeras obras aún no tenía noticia directa del existencialismo francés; recuerdo que me interesó el tema en los vagos comentarios de prensa que me llegaban por parecerme cercano a las preocupaciones que, por ejemplo, me habían llevado a escribir *En la ardiente oscuridad*».

[46]   Juan-Paul Borel, *El teatro de lo imposible,* Madrid, Guadarrama, 1966, pág. 240.

[47]   Ricardo Doménech, Introducción a Antonio Buero Vallejo, *El concierto de San Ovidio. El tragaluz,* Madrid, Castalia, 1971, págs. 20-21.

de una escalera reflejaba ciertas vivencias autobiográficas, no se hallan éstas ausentes de EN LA ARDIENTE OSCURIDAD [48].

Al escribir este drama en 1946, Antonio Buero Vallejo, recién salido de la prisión, se encuentra con una sociedad, la de la posguerra española, en absurda y completa tranquilidad. Los que se han beneficiado, los que no quieren complicaciones, los que tienen miedo, están interesados en que nada se remueva y todo siga igual. Se esfuerzan en creer, como cree Tomás en la primera parte de *La Fundación,* que «es hermoso vivir aquí. Siempre habíamos soñado con un mundo como el que al fin tenemos». Lo que no piensan de ese modo pueden estar próximos a la posterior tentación de Asel: «Hace tiempo que me pregunto si no somos nosotros los dementes... Si no será preferible hojear bellos libros, oír bellas músicas, ver por todos los lados televisores, neveras, coches, cigarrillos... Si Tomás no fingía, su mundo era verdadero para él, y mucho más grato que este horror donde nos empeñamos en que él también viva. Si la vida es siempre tan corta y tan pobre, y él la enriquecía así, quizá no hay otra riqueza y los locos somos nosotros por no imitarle...». Buero, justamente por sus dolorosas experiencias anteriores, no olvida la genuina naturaleza de esa sociedad: «Cuando has estado en la cárcel acabas por comprender que, vayas donde vayas, estás en la cárcel». Pero Asel sabe también que «la verdad te espera en todas».

La verdad está oculta en el colegio de invidentes, como lo está en la corte de *Las Meninas,* en la Fundación que es una cárcel o en la que Alfredo pretende crear en *Música cercana,* sistemas todos de enmascaramiento que los personajes, y, en

---

[48] «En *El sueño de la razón,* en *Las Meninas,* en *El tragaluz,* en *En la ardiente oscuridad,* e incluso en *El concierto de San Ovidio* se utiliza material personal», respondía Buero a Luis Jiménez Martos («Buero Vallejo entre la tragedia y la esperanza », en *Reseña,* núm. 77, julio-agosto de 1974, págs. 3-4). En la citada entrevista de Carlos Fernández Cuenca afirma el autor de *En la ardiente oscuridad:* «Escribirla fue para mí hacer mi propio descubrimiento».

último término, los espectadores, han de descubrir. Deben desvelar éstos las Fundaciones en las que diariamente se desenvuelven, porque las «prisiones» llegan a estar tan llenas de comodidades que dan la sensación de ser «la libertad misma»[49]. El autor ha resumido en esa tarea su empeño constante en la creación teatral: «Desde EN LA ARDIENTE OSCURIDAD hasta *La Fundación,* estoy intentando, tal vez quijotescamente, enfrentarme con mis Instituciones, con mis Fundaciones, que son también las de todos...»[50].

PREOCUPACIONES FORMALES

Buero Vallejo construye sus primeras obras, hasta *Un soñador para un pueblo,* de acuerdo con unas estructuras teatrales de carácter realista, según el modelo ibseniano, tal como he comentado en otra ocasión[51]. Este *realismo* posee, sin embargo, una notable riqueza de elementos simbólicos. Del mismo modo, al tiempo que esas piezas de la que puede llamarse su primera época tienen una sencilla configuración externa —y éste es el caso de EN LA ARDIENTE OSCURIDAD—, suelen reflejar también las preocupaciones de técnica dramática que han caracterizado siempre a su autor. En la «Autocrítica» de *Historia de una escalera* lo resumía con atinada precisión: «Pretendí hacer una comedia en la que lo ambicioso

---

[49]   Véase Mariano de Paco, «*La Fundación* en el teatro de Antonio Buero Vallejo», en *La Estafeta Literaria,* núm. 560, 15 de marzo de 1975, págs. 6-8. También, Carmen Díaz Castañón, «De la Residencia a la Fundación», en *Nueva Conciencia,* núm. 9, 1974 (reproducido en *Estudios sobre Buero Vallejo,* cit., págs. 263-277).

[50]   AA. VV., *Teatro español actual,* Madrid, Fundación Juan March/Cátedra, 1977, pág. 81.

[51]   Véase la Introducción a Antonio Buero Vallejo, *Lázaro en el laberinto* (Madrid, Espasa Calpe, colección Austral, núm. 29, 1987), en la que llevé a cabo un resumen de la «trayectoria teatral de Buero Vallejo» en el que me ocupé sucintamente de esta y de otras cuestiones de carácter general.

del propósito estético se articule en formas teatrales suscepti-
bles de ser recibidas con agrado por el gran público»[52]. La
elección de la escalera como único lugar de la acción consti-
tuía, sin duda, una dificultad constructiva considerable junto
con un espacio pleno de posibilidades simbólicas.

EN LA ARDIENTE OSCURIDAD encierra una breve escena que
constituye el primero de lo que Ricardo Doménech llamó
«efectos de inmersión»[53]. En el «Comentario», al referirse
Buero a las modificaciones que la pieza sufrió en su segunda
redacción, indica: «Añadí algún efecto esencial, como el de la
interiorización del espectador en la atmósfera del drama por
medio del lento apagón del tercer acto». Mientras Ignacio habla a Carlos de la ceguera que padecen, la luz del escenario se
va extinguiendo y todo el teatro llega a estar en completa oscuridad durante unos instantes. El efecto de luz está perfectamente conectado con sus palabras:

> Yo sé que los videntes tratan a veces de imaginarse nuestra
> desgracia, y para ello cierran los ojos. *(La luz del escenario
> empieza a bajar.)* Entonces se estremecen de horror. Alguno
> de ellos enloqueció, creyéndose ciego..., porque no abrieron
> a tiempo la ventana de su cuarto. *(El escenario está oscuro.
> Sólo las estrellas brillan en la ventana.)* ¡Pues en ese horror y
> en esa locura estamos sumidos nosotros!... ¡Sin saber lo que
> es! *(Las estrellas comienzan a apagarse.)* Y por eso es para
> mí doblemente espantoso. *(Oscuridad absoluta en el escena-
> rio y en el teatro.)* Nuestras voces se cruzan... en la tiniebla.
> [...] Yo he sentido cómo los videntes se alegran cuando
> vuelve la luz por la mañana. *(Las estrellas comienzan a lucir*

[52]   *ABC,* 14 de octubre de 1949, pág. 19.
[53]   Ricardo Doménech, *El teatro de Buero Vallejo,* cit., pág. 49. De interés
al respecto son los artículos de Victor Dixon: «The "immersioneffect" in the
plays of Antonio Buero Vallejo», en James Redmond, ed., *Themes in Drama, II,
Drama and Mimesis,* Cambridge University Press, 1980 (reproducido en *Estudios sobre Buero Vallejo,* cit., págs. 159-183), y «Los efectos de inmersión
en el teatro de Antonio Buero Vallejo; una puesta al día», en *Anthropos,* núm. 79,
diciembre de 1987, págs. 31-36.

*de nuevo, al tiempo que empieza a iluminarse otra vez el es-
cenario.)* Van identificando los objetos, gozándose en sus formas y sus... colores. ¡Se saturan de la alegría de la luz, que es
para ellos como un verdadero don de Dios! Un don tan grande,
que se ingeniaron para producirlo de noche. Pero para nosotros todo es igual. La luz puede volver; puede ir sacando de la
oscuridad las formas y los colores; puede dar a las cosas su
plenitud de existencia. *(La luz del escenario y de las estrellas
ha vuelto del todo.)* ¡Incluso a la lejanas estrellas! ¡Es igual!
Nada vemos.

No suponía una novedad absoluta el recurso de apagar todas
las luces del teatro, pero sí lo era en cuanto pretendía no una
ocultación del espacio escénico sino la integración en las sen-
saciones y en la actitud vital de los personajes por medio de lo
que Buero ha llamado *participa psíquica,* que es para él un medio preferible al de la participación física [54]. Los efectos identi-
ficadores facilitan la implicación del espectador en los acontecimientos que tienen lugar en la escena. En este caso el público
se siente ciego con los protagonistas, siquiera sea a su pesar.

En obras de esos mismos años —alucinaciones de Víctor en
El terror inmóvil, sueño colectivo de *Aventura en lo gris*— y
en otras posteriores —visiones de la protagonista en *Irene o el
tesoro,* apagón de *El concierto de San Ovidio,* por ejemplo—,
Buero ha seguido empleando estos *efectos* que en obras más
recientes —*El sueño de la razón, Llegada de los dioses, La
Fundación, La detonación...*— han dado lugar a una visión
subjetiva en la que se impone al espectador «el punto de vista
de un personaje sobre todo lo demás» [55].

---

[54]   Buero Vallejo ha expresado estas ideas en distintas ocasiones. Véase
«Problemas del teatro actual», en *Boletín de la Sociedad General de Autores
de España,* abril-mayo-junio de 1970, págs. 31-36; y «De mi teatro», cit.,
págs. 220-222.
[55]   Luis Iglesias Feijoo, «El último teatro de Buero Vallejo», en Mariano
de Paco, ed., *Buero Vallejo (Cuarenta años de Teatro),* Murcia, CajaMurcia,
1988, pág. 111.

CRÍTICAS SOBRE EL ESTRENO
DE *EN LA ARDIENTE OSCURIDAD*

EN LA ARDIENTE OSCURIDAD, estrenada en el Teatro María
Guerrero de Madrid el 1 de diciembre de 1950, tuvo buena
acogida crítica, aunque no tan clamorosa como la de *Historia
de una escalera*. Quienes escribían en la prensa madrileña ati-
naron en general al juzgar el drama y al valorar la capacidad
del autor, si bien no faltaron voces disonantes. Recojo algunos
significativos fragmentos que creo que no requieren un comentario especial.

Alfredo Marqueríe *(ABC,* 2 de diciembre de 1950) resaltaba
la valentía y el acierto del autor al enfrentarse con la tragedia:
«Buero Vallejo entra de lleno, y pisando recio y firmemente,
en el campo difícil de la tragedia, en el coto que parecía —ig-
noramos por qué— vedado a las plumas de la mayoría de
nuestros ingenios contemporáneos». Y apuntaba con acierto
algunos aspectos particulares, por ejemplo, al referirse a «la
especial condición moral y física de los personajes, privados
de la vista, y, quizá por eso mismo, aguzados en su sensibili-
dad y en el resto de sus sentidos».

Igualmente, Manuel Díez Crespo *(Arriba,* 2 de diciembre
de 1950) captaba con lucidez el sentido de la obra: «Tan difícil tema es llevado con maestría por Buero Vallejo. Los tres
actos tienen armonía y seguridad en su desarrollo. El vocabu-
lario es justo, preciso; las situaciones, marcadas sin trucos vulgares. Se percibe el aleteo de las almas alucinadas, inquietas o
inconscientes. Sobresale el drama del personaje central y su
golpe triste sobre los personajes, en quienes se adivina el signo
de un futuro drama. Drama, porque ya saben que existen; porque ya comienzan a conocer, y porque, en definitiva, el asombro les va a hacer infelices entre la vida, el remordimiento y la
esperanza».

El drama representaba un paso adelante que el público supo
advertir, en opinión de Cristóbal de Castro *(Madrid,* 2 de diciembre de 1950): «Buero Vallejo da un avance extraordinario

de la casa de vecindad en la "Escalera" al asilo de ciegos de
EN LA ARDIENTE OSCURIDAD. El público camina en pos, con-
victo por las emociones del drama, confeso por la vibración de
los aplausos».

Enrique Llovet (*El Alcázar,* 2 de diciembre de 1950) des-
tacó los notables valores literarios del autor por encima de los
específicamente teatrales: «Nos interesa más "lo que dice" y
"lo que replica" Ignacio, que aquello otro que les sucede. Por
eso, la muerte de Ignacio, su presencia silenciosa, enfría ligeramente la situación, contra toda lógica teatral. Es que no nos
importa su aventura humana más que como agresor dialéctico,
como campeón de una postura que, ésa sí, es una auténtica y
terrible tragedia. Estos valores coloquiales, servidos por un
diálogo enérgico, vivo e implacable, triunfaron anoche plenamente. Como "dialoguista", el señor Buero Vallejo "dice" lo
que quiere con precisión y admirable justeza».

Mientras que Eduardo Haro Tecglen (*Informaciones,* 2 de
diciembre de 1950) erraba en alguna apreciación básica —ne-
gaba, por ejemplo, que Buero pretendiese algún simbolismo—,
no dudó en señalar la fuerza renovadora de una obra que creía
«trascendental, si no definitivamente perfecta», y situaba a
«don Antonio Buero Vallejo entre los primeros de los autores
españoles modernos».

Los más graves reparos correspondían a aspectos del argu-
mento, considerado por algunos sombríos pesimista y, en
suma, negativo. Fernando Castán Palomar (*Dígame,* 5 de diciembre de 1950), que afirmaba que Buero «en esta producción
acredita un admirable maestría para componer obras escéni-
cas», llegó a la conclusión de que «el victorioso es el criminal.
Así se proclama, al cabo de retorcer mucho las cosas y de una
enrevesada dialéctica que no se sabe si va en busca de la injustificable justificación o si pretende establecer cierto confusio-
nismo que amuelle esa inadmisible síntesis terminal».

Ponía especial énfasis Jorge de la Cueva (*Ya,* 2 de diciembre de 1950) en señalar que el drama todo es amargura y tristeza y que faltan «la resignación, la fe, la confianza en Dios, la

esperanza de una recompensa...», si bien reconocía que «la obra está sólida y teatralmente conseguida; el diálogo es limpio, entonado y expresivo».

Finalmente, José Antonio Medrano (*Juventud,* 14 de diciembre de 1950) veía en EN LA ARDIENTE OSCURIDAD una tesis carente «del menor sentido ético, cívico y religioso, de ese sentido que, gracias a Dios, forma parte heroica, básica e inalienable de la manera de ser española».

EN LA ARDIENTE OSCURIDAD, primer drama de Antonio Buero Vallejo, es también pieza fundamental de su producción teatral. Con *Historia de una escalera* señala las vías por donde caminará su dramaturgia. De ahí la particular significación de ambas obras, principio de temas y formas desarrolladas durante cuarenta años en casi una treintena de obras. En la evidencia de una identidad básica y de un progreso continuado, podemos hablar de la existencia en el teatro bueriano de una constante evolución integradora.

MARIANO DE PACO

BIBLIOGRAFÍA

EDICIONES EN CASTELLANO DE *EN LA ARDIENTE OSCURIDAD*

Madrid, Alfil (Escelicer), colección Teatro, 3, 1951.

En *Teatro Español 1950-1951,* Madrid, Aguilar, colección Literaria, 1952.

Nueva York, Charles Scribner's Sons, 1954, Edición de Samuel A. Wofsy e Introducción de Juan R. Castellano.

En *Teatro I,* Buenos Aires, Losada, colección Gran Teatro del Mundo, 1959 (con *Madrugada, Hoy es fiesta* y *Las cartas boca abajo).*

En *Teatro (Festival de la Literatura Española Contemporánea. IV),* Lima, Tawantinsuy, 1960.

Madrid, Magisterio Español, colección Novelas y Cuentos, 8, 1967 (con *Irene, o el tesoro).*

En *Teatro representativo español* (Libro conmemorativo del Año Internacional del Libro), Madrid, Escelicer, 1972.

Madrid, Espasa Calpe, colección Austral, 1510, 1972 (con *Un soñador para un pueblo).*

En *Teatro español contemporáneo,* México, Porrúa, colección Sepan Cuantos..., 1977. Introducciones y anotaciones de J. W. Zdenek y G. I. Castillo-Felíu. (Edición no autorizada por el autor).

Madrid, Espasa Calpe, colección Austral, 124, 1990. Edición e Introducción de Mariano de Paco.

En *Teatro*, La Habana, Arte y Literatura, 1991 (con *Las Meni-nas*, *El tragaluz, La doble historia del doctor Valmy, El sueño de la razón, Caimán* y *Diálogo secreto*).

En *Obra Completa, I. Teatro*, Madrid, Espasa Calpe, Clásicos Castellanos nueva serie, 1994. Edición crítica de Luis Iglesias Feijoo y Mariano de Paco.

En *Obras Selectas*, Madrid, Espasa Calpe, Austral Summa, 2002 (con *Historia de una escalera, El concierto de San Ovidio, El tragaluz, el Sueño de la razón, La Fundación* y *Misión al pueblo desierto*). Prólogo de Mariano de Paco y Virtudes Serrano.

Buenos Aires, Stockcero, 2004. Prólogo de Carlos Gorostiza.

El drama se ha traducido al inglés, al alemán, al francés, al galés, al noruego, al húngaro, al ruso y al búlgaro.

BIBLIOGRAFÍA ESENCIAL COMENTADA DE Y SOBRE BUERO VALLEJO

AA. VV., *Antonio Buero Vallejo. Premio de literatura en len-gua castellana «Miguel de Cervantes» 1986*, Barcelona, Anthropos-Ministerio de Cultura, 1987.

    Reúne este breve y útil volumen un «reportaje biográfico», una entre-vista, un estudio de conjunto y una bibliografía de y sobre el autor realizado por Luciano García Lorenzo, Ricard Salvat y Mariano de Paco. También, el discurso pronunciado por Buero en la entrega del premio Cervantes 1986.

—, *Buero después de Buero*, Toledo, Junta de Comunidades de Castilla-La Mancha, 2003.

    Recoge esta apreciable publicación los trabajos de Luis Iglesias Fei-joo, Enrique Pajón Mecloy, Mariano de Paco, Ricardo Doménech y An-drea D'Odorico Agosto con los que los editores quisieron rendir home-naje al dramaturgo tras su muerte.

—, *El tiempo recobrado. La historia a través de la obra de Antonio Buero Vallejo*, Ciudad Real, Junta de Comunidades de Castilla-La Mancha-Caja Castilla-La Mancha, 2003.

Atractivo Catálogo de la Exposición que, con el mismo nombre, tuvo lugar en Almagro en julio de 2003 y contiene trabajos de Manuel Lagos (comisario de la Exposición y coordinador del volumen), Jesús Rubio Jiménez, Andrés Peláez Martín, Virtudes Serrano, Ana María Leyra y Andrea D'Odorico además de textos y dibujos de Buero, con fotografías e ilustraciones de puestas en escena.

Buero por Buero. Conversaciones con Francisco Torres Monreal, Madrid, Asociación de Autores de Teatro, 1993.

Amplia entrevista en la que se tratan numerosos aspectos de la vida y de la obra de Buero.

BUERO VALLEJO, Antonio, *Obra Completa,* Madrid, Espasa Calpe, Clásicos castellanos nueva serie, 1994, 2 vols. Edición crítica de Luis Iglesias Feijoo y Mariano de Paco.

El primer volumen *(Teatro)* recoge la producción dramática del autor (incluida la inédita *Una extraña armonía),* precedida por una introducción, una cronología y una bibliografía de ediciones y estrenos, todos hasta 1994; sólo faltan las dos obras posteriores, publicadas también por Espasa Calpe: *Las trampas del azar* y *Misión al pueblo desierto.* En el segundo, imprescindible como el anterior, aparecen poemas, narraciones, libros y más de trescientos artículos de Buero (algunos inéditos).

—, *Libro de estampas,* Murcia, Fundación Cultural CAM, 1993 (edición al cuidado de Mariano de Paco).

Selección de dibujos y pinturas del autor, fascinante muestra de su temprana vocación pictórica y de acercamientos a ella a lo largo de toda su vida.

CUEVAS GARCÍA, Cristóbal (dir.), *El teatro de Buero Vallejo. Texto y espectáculo,* Barcelona, Anthropos, 1990.

Actas del III Congreso de Literatura Española Contemporánea, celebrado en la Universidad de Málaga y dedicado a Buero. Poseen notable interés, junto a una veintena de ponencias y comunicaciones, las intervenciones del autor y los coloquios.

DIXON, Victor, y JOHNSTON, David (eds.), *El teatro de Buero Vallejo: Homenaje del hispanismo británico e irlandés,* Liverpool University Press, 1996.

Una docena de artículos acerca de temas y obras buerianas conforman este estimable volumen que se propone el reconocimiento de quien es en el mundo universitario inglés e irlandés uno de los más estudiados autores contemporáneos.

DOMÉNECH, Ricardo, *El teatro de Buero Vallejo,* Madrid, Gredos, 1993[2].

Trabajo básico para el conocimiento de Buero Vallejo por su penetración crítica y su adecuada consideración de temas y técnicas. La segunda edición amplía considerablemente la de 1973.

IGLESIAS FEIJOO, Luis, *La trayectoria dramática de Antonio Buero Vallejo,* Santiago de Compostela, Universidad, 1982.

Excelente estudio de las obras de Buero (hasta *Jueces en la noche)* que une profundidad crítica y cuidada información. Contiene valiosas consideraciones de conjunto y detallados análisis de las obras.

INIESTA GALVAÑ, Antonio, *Esperar sin esperanza. El teatro de Antonio Buero Vallejo,* Murcia, Universidad de Murcia, 2002.

Propone este interesante estudio una innovadora interpretación de la tragedia bueriana que cuestiona su carácter esperanzado. La permanente afirmación del autor en sus textos teóricos acerca de la apertura trágica es contrastada con las conclusiones que se derivan de los dramáticos.

LEYRA, Ana María (coord.), *Antonio Buero Vallejo. Literatura y filosofía,* Madrid, Complutense, 1998.

El volumen presenta los trabajos de las «Jornadas sobre Teatro y Filosofía» celebradas en la Universidad Complutense de 1996; en ellos se abordan con rigor diferentes aspectos en relación con esos temas en el teatro de Buero.

Montearabí, 23, 1996 (Monográfico «Homenaje a Antonio Buero Vallejo»).

Este número de la revista yeclana colecciona nueve trabajos de críticos y autores teatrales acerca de la persona y la obra de Buero Vallejo con motivo de sus ochenta años de edad y cincuenta de escritura dramática.

O'CONNOR, Patricia, *Antonio Buero Vallejo en sus espejos,* Madrid, Fundamentos, 1996.

Ofrece este singular volumen, que cuenta con abundantes declaraciones del dramaturgo, nuevos puntos de vista acerca de Buero, persona y creador, y de su obra, conciliando «la proximidad afectiva y la distancia crítica».

OLIVA, César, *El teatro desde 1936,* Madrid, Alhambra, 1989.

Trabajo que al análisis de los textos dramáticos incorpora el de otros

elementos del *hecho teatral:* actores, público y crítica. Buero es estudiado
en el capítulo dedicado al «teatro de la oposición» hasta *Lázaro en el laberinto* (págs. 233-262).

PACO, Mariano de (ed.), *Estudios sobre Buero Vallejo,* Murcia, Universidad de Murcia, 1984.
   Recopilación de veinticinco interesantes artículos, aparecidos entre
1949 y 1980, sobre Buero y su teatro, reunidos en cuatro apartados: sem-
blanza, temas y técnicas, *Historia de una escalera.* Bibliografía del autor
hasta 1983.

—, *De re bueriana (Sobre el autor y las obras),* Murcia, Universidad de Murcia, 1994.
   El volumen se abre con una extensa entrevista a Buero Vallejo a la que
sigue un apartado de estudios de carácter general (tragedia, «realismo»,
procedimientos formales y simbólicos y «perspectivismo histórico») y
otro con análisis de distintas obras buerianas.

PÉREZ HENARES, Antonio, *Antonio Buero Vallejo. Una digna
lealtad,* Toledo, Junta de Comunidades de Castilla-La Mancha, 1998.
   Biografía de Antonio Buero Vallejo en la que son destacables las nu-
merosas fotografías que recrean su trayectoria vital.

RUIZ RAMÓN, Francisco, *Historia del teatro español. Siglo
XX,* Madrid, Cátedra, 1977 [3].
   Estudio de autores y textos dramáticos españoles del siglo XX (hasta la
década de los setenta) que trata con acierto el teatro bueriano desde *Historia de una escalera* a *La Fundación* (págs. 337-384).

SANTIAGO BOLAÑOS, M.ª Fernanda, *La palabra detenida.
Una lectura del símbolo en el teatro de Antonio Buero Vallejo,* Murcia, Universidad de Murcia, 2004.
   Sugestivo ensayo acerca de los símbolos en la producción bueriana
como medio de conocimiento no racional que ahonda en la dimensión del
misterio del ser humano.

EN LA ARDIENTE OSCURIDAD

> *Y la luz en las tinieblas resplandece; mas las tinieblas no la comprendieron.*
>
> (JUAN, 1, 5).

> *La sombra es el nidal íntimo, incandescente,*
> *la visible ceguera puesta sobre quien ama.*
> *Provoca los abrazos íntima, ciegamente,*
> *y recoge en sus cuevas cuanto la luz derrama.*

(MIGUEL HERNÁNDEZ, «Hijo de la sombra»).

Esta obra se estrenó en Madrid, la noche del 1 de diciembre de 1950, en el Teatro Nacional María Guerrero, con el siguiente

REPARTO

(Por orden de intervención)

ELISA	Amparo Gómez Ramos
ANDRÉS	Miguel Ángel
PEDRO	F. Pérez Ángel
LOLITA	Berta Riaza
ALBERTO	Manuel Márquez
CARLOS	Adolfo Marsillach
JUANA	Mari Carmen Díaz de Mendoza
MIGUELÍN	Ricardo Lucia
ESPERANZA	Mayra O'Wissiedo
IGNACIO	José María Rodero
DON PABLO	Rafael Alonso
EL PADRE	Gabriel Miranda
DOÑA PEPITA	Pilar Muñoz

Derecha e izquierda, las del espectador

Dirección: LUIS ESCOBAR y HUMBERTO PÉREZ DE LA OSSA
Decorados: FERNANDO RIVERO
Luminotecnia: M. ROMARATE

ACTO PRIMERO

Fumadero en un moderno centro de enseñanza: lugar semiabierto de tertulia para el buen tiempo. A la izquierda del foro, portalada que da a la terraza. Al fondo se divisa la barandilla de ésta, bajo la cual se supone el campo de deportes. Las ramas de los copudos árboles que en él hay se abren tras la barandilla, cuajadas de frondoso follaje, que da al ambiente una gozosa claridad submarina. Sobre una liviana construcción de cemento, enormes cristaleras, tras las que se divisa la terraza, separan a ésta de la escena, dejando el hueco de la portalada. En el primer término izquierdo hay un veladorcito y varios sillones y sillas. En el centro, cerca del foro, un sofá y dos sillones alrededor de otro veladorcito. Junto al lateral derecho, otro velador aislado como un sillón. Ceniceros en los tres veladores. Las cristaleras doblan y continúan fuera de escena, a la mitad del lateral izquierdo, formando la entrada de una galería. En el lateral derecho, una puerta.

(Cómoda y plácidamente sentados, fumando algunos de ellos, vemos allí a ocho jóvenes estudiantes pulcramente vestidos. No obstante su aire risueño y atento, hay algo en su aspecto que nos extraña, y una observación más detenida nos permite comprender que todos son ciegos. Algunos llevan gafas negras, para velar, sin duda, un espectáculo demasiado desagradable a los de-

más; o, tal vez, por simple coquetería. Son ciegos jóvenes y felices, al parecer; tan seguros de sí mismos que, cuando se levantan, caminan con facilidad y se localizan admirablemente, apenas sin vacilaciones o tanteos. La ilusión de normalidad[1] es, con frecuencia, completa, y el espectador acabaría por olvidar la desgracia física que los aqueja si no fuese por un detalle irreductible que a veces se la hace recordar: estas gentes nunca se enfrentan con la cara de su interlocutor.

CARLOS y JUANA *ocupan los sillones de la izquierda. Él es un muchacho fuerte y sanguíneo, de agradable y enérgica expresión. Atildado indumento en color claro, cuello duro. Ella es linda y dulce.* ELISA *ocupa el sillón de la derecha. Es una muchacha de físico vulgar y de espíritu abierto, simple y claro. En el sofá están los estudiantes* ANDRÉS, PEDRO y ALBERTO, y en los sillones contiguos, las estudiantes LOLITA y ESPERANZA.)

ELISA.—*(Impaciente.)* ¿Qué hora es, muchachos? *(Casi todos ríen, expansivos, como si hubiesen estado esperando la pregunta.)* No sé por qué os reís. ¿Es que no se puede preguntar la hora? *(Las risas arrecian.)* Está bien. Me callo.

ANDRÉS.—Hace un rato que dieron las diez y media.

PEDRO.—Y la apertura del curso es a las once.

ELISA.—Yo os preguntaba si habían dado ya los tres cuartos.

LOLITA.—Hace un rato que nos lo has preguntado por tercera vez.

ELISA.—*(Furiosa.)* Pero ¿han dado o no?

---

[1]   La «ilusión de normalidad», al igual que la caracterización de los personajes en un ambiente de superficial alegría, crea un clima de felicidad que se romperá con la llegada de Ignacio. Es de suma importancia, en este sentido, lo que ocurre, años más tarde, en *La Fundación*.

ALBERTO.—*(Humorístico.)* ¡Ah! No sabemos...

ELISA.—¡Sois odiosos!

CARLOS.—*(Con ironía.)* Ya está bien. No os metáis con ella. Pobrecilla.

ELISA.—¡Yo no soy pobrecilla!

JUANA.—*(Dulce.)* Todavía no dieron los tres cuartos, Elisa.

> (MIGUELÍN, *un estudiante jovencito y vivaz, que lleva gafas oscuras, porque sabe por experiencia que su vivacidad es penosa cuando las personas que ven la contrastan con sus ojos muertos, aparece por la portalada.)*

ANDRÉS.—Tranquilízate. Ya sabes que Miguelín llega siempre a todo con los minutos contados.

ELISA.—¿Y quién pregunta por Miguelín?

MIGUEL.—*(Cómicamente compungido.)* Si nadie pregunta por Miguelín, lloraré.

ELISA.—*(Levantándose de golpe.)* ¡Miguelín!

> (Corre a echarse en sus brazos, mientras los demás acogen al recién llegado con cariñosos saludos. Todos, menos CARLOS y JUANA, se levantan y se acercan para estrechar su mano.)

ANDRÉS.—¡Caramba, Miguelín!

PEDRO.—¡Ya era hora!

LOLITA.—¡La tenías en un puño!

ESPERANZA.—¿Qué tal te ha ido?

ALBERTO.—¿Cómo estás?

> (Sin soltar a ELISA, MIGUELÍN avanza decidido hacia el sofá.)

CARLOS.—¿Ya no te acuerdas de los amigos?

MIGUEL.—¡Carlos! *(Se acerca a darle la mano.)* Y Juana al lado, seguro.

JUANA.—Lo has acertado.

(Le da la mano.)

MIGUEL.—*(Volviendo a coger a* ELISA.*)* ¡Uf! Creí que no llegaba a la apertura. Lo he pasado formidable, chicos; formidable. *(Se sienta en el sofá con* ELISA *a su lado.* ANDRÉS *se sienta con ellos. Los demás se sientan también.)* ¡Pero tenía unas ganas de estar con vosotros! Es mucha calle la calle, amigos. Aquí se respira. En cuanto he llegado, ¡zas!, el bastón al conserje. «¿Llego tarde?». «Aún faltan veinte minutos». «Bien». Saludos aquí y allá... «¡Miguelín!». «Ya está aquí Miguelín». Y es que soy muy importante, no cabe duda.

(Risas generales.)

ELISA.—*(Convencida de ello.)* ¡Presumido!

MIGUEL.—Silencio. Se prohíbe interrumpir. Continúo. «Miguelín, ¿adónde vas?» «Miguelín, en la terraza está Elisa...»

ELISA.—*(Avergonzada. le propina un pellizco.)* ¡Idiota!

MIGUEL.—*(Gritando.)* ¡Ay!... *(Risas.)* Continúo. «¿Que a dónde voy? Con mi peña y a nuestro rincón». Y aquí me tenéis. *(Suspira.)* Bueno, ¿qué hacemos que no nos vamos al paraninfo?

(Intenta levantarse.)

LOLITA.—No empieces tú ahora. Sobra tiempo.

ANDRÉS.—*(Reteniéndole.)* Cuenta, cuéntanos de tus vacaciones.

ESPERANZA.—*(Batiendo palmas.)* Sí, sí. Cuenta.

ELISA.—*(Muy amoscada, batiendo palmas también.)* Sí, sí. Cuéntaselo a la niña.

ESPERANZA.—*(Desconcertada.)* ¿Eso qué quiere decir?

ELISA.—*(Seca.)* Nada. Que también yo sé batir palmas.

(Los estudiantes ríen.)

ESPERANZA.—*(Molesta.)* ¡Bah!

MIGUEL.—Modérate, Elisa. Los señores quieren que les cuente de mis vacaciones. Pues atended.

> *(Los chicos se arrellanan, complacidos y dispuestos a oír algo divertido.* MIGUELÍN *empieza a reírse con zumba.)*

PEDRO.—¡Empieza de una vez!

MIGUEL.—Atended. *(Riendo.)* Un día cojo mi bastón para salir a la calle, y... *(Se interrumpe. Con tono de sorpresa.)* ¿No oís algo?

ANDRÉS.—¡Sigue y no bromees!

MIGUEL.—¡Si no bromeo! Os digo que oigo algo raro. Oigo un bastón...

LOLITA.—*(Riendo.)* El tuyo, que lo tienes en los oídos todavía.

ELISA.—Continúa, tonto...

ALBERTO.—No bromea, no. Se oye un bastón.

JUANA.—También yo lo oigo.

> *(Todos atienden. Pausa. Por la derecha, tanteando el suelo con su bastón[2] y con una expresión de vago susto, aparece* IGNACIO. *Es un muchacho delgaducho, serio y reconcentrado, con cierto desaliño en su persona: el cuello de la camisa desabrochado, la corbata floja, el cabello*

---

[2] El bastón es el objeto que une a Ignacio con la realidad. Como el de David en *El concierto de San Ovidio,* sirve también de apoyo y defensa.

peinado con ligereza. Viste de negro, intemporalmente, durante toda la obra [3]. *Avanza unos pasos, indeciso, y se detiene.)*

LOLITA.—¡Qué raro!

(IGNACIO se estremece y retrocede un paso.)

MIGUEL.—¿Quién eres?

(Temeroso, IGNACIO se vuelve para salir por donde entró. Después cambia de idea y sigue hacia la izquierda, rápido.)

ANDRÉS.—¿No contestas?

(IGNACIO tropieza con el sillón de JUANA. Tiende el brazo y ella toma su mano.)

MIGUEL.—*(Levantándose.)* ¡Espera, hombre! No te marches.

(Se acerca a palparle, mientras JUANA dice, inquieta:)

JUANA.—Me ha cogido la mano... [4]. No le conozco.

(IGNACIO la suelta, y MIGUELÍN lo sujeta por un brazo.)

---

[3]   El desaliño de Ignacio contrasta con los estudiantes «pulcramente vestidos». El atuendo intemporal destaca su propia condición. La caracterización se opone frontalmente a la de Carlos. Véase al respecto J. A. Vallejo-Nágera, «Tipos psicológicos de *En la ardiente oscuridad*», en *Sirio*, núm. 2, abril de 1962, pág. 10.

[4]   Juana invierte lo realmente sucedido, con lo que anticipa posteriores cambios respecto a Carlos y a Ignacio.

MIGUEL.—Ni yo.

> (ANDRÉS *se levanta y se acerca también para cogerle por el otro brazo.*)

IGNACIO.—*(Con temor.)* Dejadme.

ANDRÉS.—¿Qué buscas aquí?

IGNACIO.—Nada. Dejadme. Yo... soy un pobre ciego.

LOLITA.—*(Riendo.)* Te ha salido un competidor, Miguelín.

ESPERANZA.—¿Un competidor? ¡Un maestro!

ALBERTO.—Debe de ser algún gracioso del primer curso.

MIGUEL.—Dejádmelo a mí. ¿Qué has dicho que eres?

IGNACIO.—*(Asustado.)* Un... ciego.

MIGUEL.—¡Oh, pobrecito, pobrecito![5]. ¿Quiere que le pase a la otra acera? *(Los demás se desternillan.)* ¡Largo, idiota! Vete a reír de los de tu curso.

ANDRÉS.—Realmente, la broma es de muy mal gusto. Anda, márchate.

> (*Lo empujan.* IGNACIO *retrocede hacia el proscenio.*)

IGNACIO.—*(Violento, quizá al borde del llanto.)* ¡Os digo que soy ciego!

MIGUEL.—¡Qué bien te has aprendido la palabrita! ¡Largo!

> (*Avanzan hacia él, amenazadores.* ALBERTO *se levanta también.*)

IGNACIO.—Pero ¿es que no lo veis?

MIGUEL.—¿Cómo?

---

[5]   Miguel emplea en tono irónico el calificativo que después utilizará el padre de Ignacio en sentido recto.

(JUANA y CARLOS, *que comentaban en voz baja el incidente, intervienen.*)

CARLOS.—Creo que estamos cometiendo un error muy grande, amigos. Él dice la verdad. Sentaos otra vez.

MIGUEL.—¡Atiza!

CARLOS.—*(Acercándose con* JUANA *a* IGNACIO.) Nosotros también somos... ciegos, como tú dices.

IGNACIO.—¿Vosotros?

JUANA.—Todos lo somos. ¿Es que no sabes dónde estás?

(ELISA *toma del brazo a* MIGUELÍN, *que está desconcertado. Los estudiantes murmuran entre sí.* ANDRÉS y PEDRO *vuelven a sentarse. Todos atienden.*)

IGNACIO.—Sí lo sé. Pero no puedo creer que seáis... como yo.

CARLOS.—*(Sonriente.)* ¿Por qué?

IGNACIO.—Andáis con seguridad. Y me habláis... como si me estuvieseis viendo.

CARLOS.—No tardarás tú también en hacerlo. Acabas de venir, ¿verdad?

IGNACIO.—Sí.

CARLOS.—¿Solo?

IGNACIO.—No. Mi padre está en el despacho, con el director.

JUANA.—¿Y te han dejado fuera?

IGNACIO.—El director dijo que saliera sin miedo. Mi padre no quería, pero don Pablo dijo que saliese y que anduviese por el edificio. Dijo que era lo mejor.

CARLOS.—*(Protector.)* Y es lo mejor. No tengas miedo.

IGNACIO.—*(Con orgullo.)* No lo tengo.

CARLOS.—Lo de aquí ha sido un incidente sin importancia. Es que Miguelín es demasiado alocado.

MIGUEL.—Dispensa, chico. Todo fue por causa de don Pablo.

ALBERTO.—*(Riendo.)* La pedagogía[6].

MIGUEL.—Eso. Te ha aplicado la pedagogía desde el primer minuto. Ya tendrás más encuentros con esa señora. No te preocupes.

> *(Se vuelve con* ELISA, *y ambos se sientan en los dos sillones de la izquierda. Se ponen a charlar, muy amartelados.)*

CARLOS.—Por esta vez es bastante. Si quieres te volveremos al despacho.

IGNACIO.—Gracias. Sé ir yo solo. Adiós.

> *(Da unos pasos hacia el foro.)*

CARLOS.—*(Calmoso.)* No, no sabes... Por ahí se va a la salida. *(Le coge afectuosamente[7] del brazo y le hace volver hacia la derecha. Pasivo y con la cabeza baja,* IGNACIO *se deja conducir.)* Espérame aquí, Juana. Vuelvo en seguida.

JUANA.—Sí.

> *(Por la derecha aparecen* EL PADRE DE IGNACIO *y* DON PABLO, *director del centro.* EL PADRE *entra con ansiosa rapidez, buscando a su hijo. Es un hombre agotado y prematuramente envejecido, que viste con mezquina corrección de empleado. Sonriente y tranquilo, le sigue* DON PABLO, *señor de unos cincuenta años, con las sienes grises, en quien la edad no ha borrado un vago aire de infantil lozanía. Su vestido es serio y elegante. Usa gafas oscuras.)*

---

[6]   A medida que avanza la obra se advierte que, como en *Mito,* la pedagogía representa un método para ocultar la verdad.

[7]   La actitud de Carlos con Ignacio es amistosa hasta que descubre que éste representa un peligro real para las ideas que él defiende, ya que se niega a someterse a ellas.

EL PADRE.—Aquí está Ignacio.

DON PABLO.—Ya le dije que lo encontraríamos. *(Risueño.)* Y en buena compañía, creo. Buenos días, muchachos.

(A su voz, todos los estudiantes se levantan.)

ESTUDIANTES.—Buenos días, don Pablo.

(EL PADRE *se acerca a su hijo y le coge, entre tímido y paternal, por el brazo.* IGNACIO *no se mueve, como si el contacto le disgustase.)*

CARLOS.—Ya hemos hecho conocimiento con Ignacio.

JUANA.—Carlos se lo llevaba ahora a ustedes.

DON PABLO.—*(Al padre.)* Como ve, no le ha pasado nada. El chico ha encontrado en seguida amigos. Y de los buenos: Carlos, que es uno de nuestros mejores alumnos, y Juana.

EL PADRE.—*(Corto.)* Encantado.

JUANA.—El gusto es nuestro.

DON PABLO.—Su hijo se encontrará bien entre nosotros, puede estar seguro. Aquí encontrará alegría, buenos compañeros, juegos...

EL PADRE.—Sí, desde luego. Pero los juegos... ¡Los juegos que he visto son maravillosos, no hay duda! Nunca pude suponer que los ciegos pudiesen jugar al balón. ¡Y menos, deslizarse por un tobogán tan alto! *(Tímido.)* ¿Cree usted que mi Ignacio podrá hacer esas cosas sin peligro?[8].

DON PABLO.—Ignacio hará eso y mucho más. No lo dude.

EL PADRE.—¿No se caerá?

DON PABLO.—¿Acaso se caen los otros?

EL PADRE.—Es que parece imposible que puedan jugar así, sin que haya que lamentar...

---

[8] El padre expresa en su ingenua pregunta, como en posteriores afirmaciones, la ironía trágica que los acontecimientos desvelarán.

DON PABLO.—Ninguna desgracia; no, señor. Esas y otras distracciones llevan ya mucho tiempo entre nosotros.

EL PADRE.—Pero todos estos chicos, ¡pobrecillos!, son ciegos. ¡No ven nada!

DON PABLO.—En cambio, oyen y se orientan mejor que usted. *(Los estudiantes asienten con rumores.)* Por otra parte... *(Irónico.),* no crea que es muy adecuado calificarlos de pobrecillos. ¿No le parece, Andrés?

ANDRÉS.—Usted lo ha dicho.

DON PABLO.—¿Y ustedes, Pedro, Alberto?

PEDRO.—Desde luego, no. No somos pobrecillos.

ALBERTO.—Todo, menos eso.

LOLITA.—Si usted nos permite, don Pablo...

DON PABLO.—Sí, diga.

LOLITA.—*(Entre risas.)* Nada. Que Esperanza y yo pensamos lo mismo.

EL PADRE.—Perdonen.

DON PABLO.—Perdónenos a nosotros por lo que parece una censura y no es más que una explicación. Los ciegos o, simplemente, los invidentes [9], como nosotros decimos, podemos llegar donde llegue cualquiera. Ocupamos empleos, puestos importantes en el periodismo y en la literatura, cátedras... Somos fuertes, saludables, sociables... Poseemos una moral de acero [10]. Por lo demás, no son éstas conversaciones a las que ellos estén acostumbrados. *(A los demás.)* Creo que los más listos de ustedes podrían ir ya tomando sitio en el paraninfo. Falta poco para las once. *(Risueño.)* Es un aviso leal.

ANDRÉS.—Gracias, don Pablo. Vámonos, muchachos.

---

[9] La elección de este término en lugar de *ciegos* es signo de la negación a encararse con la propia tragedia, como después señalará Ignacio.

[10] No es censurable que los ciegos intenten desempeñar en la vida funciones equivalentes o idénticas a las de quienes ven. Para conseguirlo, lucha David en *El concierto de San Ovidio.* Lo que a Ignacio le resulta inadmisible es que se prescinda engañosamente de la situación real. La «moral de acero» simboliza la capacidad de olvidar por sistema una carencia que se ha de superar, pero que nunca puede ignorarse.

(ANDRÉS, PEDRO, ALBERTO *y las dos estudian-*
tes desfilan por la izquierda.)

ESTUDIANTES.—Buenos días. Buenos días, don Pablo.
DON PABLO.—Hasta ahora, hijos, hasta ahora.

(Los estudiantes salen. ELISA *trata de imitarlos,*
pero MIGUELÍN *tira de su brazo y la obliga a*
sentarse. Con las manos enlazadas vuelven a en-
golfarse en su charla. JUANA *y* CARLOS *perma-*
necen de pie, a la izquierda, atendiendo a DON
PABLO. *Breve pausa.)*

EL PADRE.—Estoy avergonzado. Yo...
DON PABLO.—No tiene importancia. Usted viene con los
prejuicios de las gentes que nos desconocen. Usted, por ejem-
plo, creerá que nosotros no nos casamos...
EL PADRE.—Nada de eso... Entre ustedes, naturalmente...
DON PABLO.—No, señor. Los matrimonios entre personas que
ven y personas que no ven abundan cada día más. Yo mismo...
EL PADRE.—¿Usted?
DON PABLO.—Sí. Yo soy invidente de nacimiento y estoy
casado con una vidente.
IGNACIO.—*(Con lento asombro.)* ¿Una vidente?
EL PADRE.—¿Así nos llaman ustedes?
DON PABLO.—Sí, señor.
EL PADRE.—Perdone, pero... como nosotros llamamos vi-
dentes a los que dicen gozar de doble vista...
DON PABLO.—*(Algo seco.)* Naturalmente. Pero nosotros,
forzosamente más modestos, llamamos así a los que tienen,
simplemente, vista.
EL PADRE.—*(Que no sabe dónde meterse.)* Dispense una
vez más.
DON PABLO.—No hay nada que dispensar. Me encantaría
presentarle a mi esposa, pero no ha llegado aún. Ignacio la co-
nocerá de todos modos, porque es mi secretaria.

EL PADRE.—Otro día será. Bien, Ignacio, hijo... Me marcho contento de dejarte en tan buen lugar. No dudo que te agradará vivir aquí. *(Silencio de* IGNACIO. *A* CARLOS *y* JUANA.) Y ustedes, se lo ruego: ¡levántenle el ánimo! *(Con inhábil jocosidad.)* Infúndanle esa moral de acero que les caracteriza.

IGNACIO.—*(Disgustado.)* Padre.

EL PADRE.—*(Abrazándole.)* Sí, hijo. De aquí saldrás hecho un hombre...

DON PABLO.—Ya lo creo. Todo un señor licenciado, dentro de pocos años.

> *(La tensión entre padre e hijo se disuelve.* CARLOS *interviene, tomando del brazo a* IGNACIO.)

CARLOS.—Si nos lo permiten, nos llevaremos a nuestro amigo.

EL PADRE.—Sí, con mucho gusto. *(Afectado.)* Adiós, Ignacio... Vendré... pronto... a verte.

IGNACIO.—*(Indiferente.)* Hasta pronto, padre.

> (EL PADRE *está muy afectado; mira a todos con ojos húmedos, que ellos no pueden ver. En sus movimientos muestra múltiples vacilaciones: volver a abrazar a su hijo, despedirse de los dos estudiantes, consultar a* DON PABLO *con una perruna mirada que se pierde en el aire.)*

DON PABLO.—¿Vamos?

EL PADRE.—Sí, sí.

> *(Inician la marcha hacia el foro.)*

DON PABLO.—*(Deteniéndose.)* Acompáñele ahora al paraninfo, Carlos. ¡Ah! Y preséntele a Miguelín, porque van a ser compañeros de habitación.

CARLOS.—Descuide, don Pablo.

(DON PABLO *acompaña al* PADRE *a la puerta del fondo, por la que salen ambos, mientras le dice una serie de cosas a las que aquél atiende mal, preocupado como está en volverse con frecuencia a ver a su hijo, con una expresión cada vez más acongojada. Al fin, desaparecen tras la cristalera, por la derecha. Entre tanto,* CARLOS, IGNACIO *y* JUANA *se sitúan en el primer término izquierdo.*)

CARLOS.—¡Lástima que no vinieses antes! ¿Comienzas ahora la carrera?

IGNACIO.—Sí. El preparatorio.

CARLOS.—Juana y yo te ayudaremos. No repares en consultarnos cualquier dificultad que encuentres.

JUANA.—Desde luego.

CARLOS.—Bien. Ahora Miguelín te acomodará en vuestro cuarto. Antes debes aprenderte en seguida el edificio. Escucha: este rincón es nuestra peña, en la que desde ahora quedas admitido. Nada por en medio *(Lo conduce.),* para no tropezar. Le daremos la vuelta, para que aprendas los sillones y veladores. *(Los tres están ahora a la derecha.)* Pero debes abandonar en seguida el bastón. ¡No te hará falta!

JUANA.—*(Tratando de quitárselo.)* Trae. Se lo daremos al conserje para que lo guarde.

IGNACIO.—*(Que se resiste.)* No, no. Yo... soy algo torpe para andar sin él. Y no os molestéis tampoco en enseñarme el edificio. No lo aprendería

(Un silencio.)

CARLOS.—Perdona. A tu gusto. Aunque debes intentar vencer rápidamente esa torpeza... ¿No has estudiado en nuestro colegio elemental?

IGNACIO.—No.

JUANA.—¿No eres de nacimiento? [11].

IGNACIO.—Sí. Pero... mi familia...

CARLOS.—Bien. No te importe. Todos aquí somos de nacimiento y hemos estudiado en nuestros centros, bajo la dirección de don Pablo.

JUANA.—¿Qué te ha parecido don Pablo?

IGNACIO.—Un hombre... absurdamente feliz.

CARLOS.—Como cualquiera que asistiese a la realización de sus mejores sueños de trabajo. Eso no es un absurdo.

JUANA.—Si te oyera doña Pepita...

CARLOS.—Ya conocerás a otros profesores no menos dichosos.

IGNACIO.—¿Ciegos también?

CARLOS.—Se dice invidentes... *(Pausa breve.)* Pues... según. El de Biología es invidente y está casado con la ayudante de Lenguas, que es vidente. También son videntes el de Física, el de...

IGNACIO.—Videntes...

JUANA.—Videntes. ¿Qué tiene de particular?

IGNACIO.—Oye, Carlos, y tú, Juana: ¿acaso es posible el matrimonio entre un ciego y una vidente?

CARLOS.—¿Tan raro te parece?

JUANA.—¡Si hay muchos!

IGNACIO.—¿Y entre un vidente y una ciega? *(Silencio.)* ¿Eh, Carlos? *(Pausa breve.)* ¿Juana?

CARLOS.—Juana y yo conocemos uno de viejos...

IGNACIO.—Uno.

JUANA.—Y el de Pepe y Luisita. ¡Bien felices son!

IGNACIO.—Dos.

CARLOS.—*(Sonriendo.)* Ignacio... No te ofendas, pero estás algo afectado por la novedad de encontrarte aquí. ¿Cómo diría yo? Algo... anormal... Serénate. En esta casa sobra alegría para ti y lo pasarás bien.

---

[11] Se señala expresamente la condición de ciego de nacimiento de Ignacio (como la de todos los alumnos) por el valor simbólico que el autor confiere a esa situación, según advertí en la Introducción.

(*Le da cordiales palmadas en el hombro.* JUANA *sonríe.*)

IGNACIO.—Puede que esté... anormal. Todos lo estamos.

CARLOS.—(*Sonriendo.*) Ya hablaremos de eso. Aquí hace falta Miguelín, ¿eh, Juana? Me parece que no se ha marchado. ¡Miguelín! (MIGUELÍN *atiende fastidiado, pero sin moverse.*) No te hagas el muerto. Sé que estás aquí.

(*Tanteando, se dirige a él, que se aprieta contra* ELISA. *Al fin, entre risas, lo toca.*)

MIGUEL.—Ya te lo haré yo a ti cuando estés con Juana. ¿Qué pasa?

CARLOS.—Ven para acá.

MIGUEL.—No me da la gana.

CARLOS.—Ven y no hagas el tonto. Tengo que darte una orden de don Pablo.

MIGUEL.—(*Incorporándose con desgana.*) Si no se puede considerar incluida Elisita en esa orden, no voy.

ELISA.—Podrías dejar de utilizarme para tus chistes, ¿no crees?

MIGUEL.—No. No creo.

JUANA.—Ven tú también, Elisa. Ya es hora de que estemos juntas algún ratito.

MIGUEL.—No hay remedio. (*Suspira.*) En fin, vamos allá. (*Con* ELISA *de su mano, y tras* CARLOS, *se acerca al grupo.*) Desembucha.

CARLOS.—(*A* IGNACIO.) Éste es Miguelín: el loco de la casa. El de antes. El rorro [12] de la institución, nuestra mascota de diecisiete años. Así y todo, un gran chico. Elisita es su resignada niñera.

MIGUEL.—¡Complaciente! ¡Complaciente niñera!

---

[12]   *Rorro* (fam.): «Niño pequeñito» (*DRAE*).

ELISA.—¡Si pudieras callarte!

MIGUEL.—¡Es que no puedo!

CARLOS.—Vamos, dad la mano al nuevo.

MIGUEL.—*(Haciéndolo, a* ELISA.*)* Anda..., niñera... Da la mano al nuevo.

(ELISA *lo hace y no puede evitar un ligero estremecimiento.)*

CARLOS.—*(A* IGNACIO.*)* Miguelín será tu compañero de cuarto por disposición superior. Si no congenias con él, dilo y le ajustaremos las cuentas.

IGNACIO.—¿Por qué no voy a congeniar? Los dos somos ciegos.

(JUANA y ELISA *se emparejan y hablan entre sí.)*

MIGUEL.—¿Oyes, Carlos? Cuando yo decía que es un bromista...

IGNACIO.—Lo he dicho en serio.

MIGUEL.—¡Ah! ¿Sí?... Pues gracias. Aunque yo no me considero muy desgraciado. Mi única desgracia es tener que aguantar a...

ELISA.—*(Saltando.)* ¡Calla, estúpido! Ya sé por dónde vas.

(Todos ríen, menos IGNACIO.*)*

MIGUEL.—Y mi mayor felicidad, que no hay ninguna suegra preparada.

ELISA.—¡Bruto!

MIGUEL.—*(A las muchachas.)* ¿Por qué no seguís con vuestros cotilleos? Estabais muy bien así. *(Ellas cuchichean y ríen ahogadamente.)* ¡Las confidencias femeninas, Ignacio! Nada hay más terrible. (JUANA y ELISA *le pellizcan.)* ¡Ay! ¡Ay! ¿No lo dije? *(Risas.)* Muy bien. Carlos, Ignacio: propongo una huida en masa hacia la cantina, pero sin las chicas. ¡Hay cerveza!

CARLOS.—Aprobado.

JUANA.—Frente común, ¿eh? Ya te lo diré luego.

CARLOS.—Es un momento...

MIGUEL.—¡No capitules, cobarde! Y vámonos de prisa. ¡Damas! El que me corten ustedes a mí lo deseo de raso, con amplios vuelos y tahalí [13] para el espadín. Carlos se conforma con un traje de baño.

JUANA.—¡Vete ya!

ELISA.—*(A la vez.)* ¡Tonto!

> *(Con* IGNACIO *en medio, se van los dos muchachos por la derecha.)*

ELISA.—¡Hablemos!

JUANA.—¡Hablemos! *(Corren a sentarse, enlazadas, al sofá, en tanto que* DON PABLO *cruza tras los cristales y entra por la puerta del foro. Se acerca a las muchachas, escucha y se detiene a su lado.)* ¡Cuánto tiempo sin decirnos cosas!

ELISA.—Lo necesitaba como el pan.

DON PABLO.—¿Tal vez interrumpo?

JUANA.—Nada de eso. *(Se levantan las dos.)* Casi no habíamos empezado.

DON PABLO.—¿Y de qué iban a hablar? ¿Acaso del nuevo alumno?

ELISA.—A mí me parece... que íbamos a hablar de alumnos más antiguos.

JUANA.—*(Avergonzada.)* ¡Elisa!

DON PABLO.—*(Riendo.)* Una conversación muy agradable. *(Serio.)* Pero ha venido este viejo importuno y prefiere hablar del alumno nuevo. Supongo que Elisita ya lo conoce.

ELISA.—Sí, señor.

---

[13]   *Tahalí:* «Tira de cuero, ante, lienzo u otra materia, que cruza desde el hombro derecho por el lado izquierdo hasta la cintura, donde juntan los dos cabos y se pone la espada» *(DRAE).* Alude Miguel a la expresión *cortar un traje:* «criticar a quien está ausente».

(Por la terraza ha cruzado DOÑA PEPITA, *que se detiene en la puerta. Cuarenta años. Trae una cartera de cuero bajo el brazo. Sonriente, contempla con cariño a su esposo.)*

DON PABLO.—*(Que la percibe inmediatamente y vuelve su mirada al vacío.)* Un momento... Mi mujer...

(Termina de volverse.)

DOÑA PEPITA.—*(Acercándose.)* Hola, Pablo. Dispénsame; ya sé que vengo algo retrasada.

DON PABLO.—*(Tomándole una mano, con una ternura que los años no parecen haber aminorado.)* Hueles muy bien hoy, Pepita.

DOÑA PEPITA.—Igual que siempre. Buenos días, señoritas. ¿Dónde dejaron a sus caballeros andantes?

ELISA.—Nos abandonaron por un nuevo amigote.

JUANA.—Pobre chico. Es simpático.

ELISA.—A mí no me lo es.

DON PABLO.—No hable así de un compañero, señorita. Y menos cuando aún no ha tenido tiempo de conocerlo. *(A* DOÑA PEPITA.*)* Carlos y Miguelín están acompañando a un alumno nuevo del preparatorio que acaban de traernos.

DOÑA PEPITA.—¿Ah, sí? ¿Qué tal chico es?

DON PABLO.—Ya has oído que a estas señoritas no les merece una opinión muy favorable.

JUANA.—¿Por qué no? Es que Elisa es muy precipitada.

DON PABLO.—Sí, un poco. Y, por eso mismo, les haré a las dos algunas recomendaciones.

JUANA.—¿Respecto a Ignacio?

DON PABLO.—Sí. *(A* DOÑA PEPITA.*)* Y, de paso, también tú te harás cargo de la cuestión.

DOÑA PEPITA.—¿Es algo grave?

DON PABLO.—Es lo de siempre. Falta de moral.

DOÑA PEPITA.—El caso típico.

Don Pablo.—Típico. Quizás un poquitín complicado esta vez. Un muchacho triste, malogrado por el mal entendido amor de los padres. Mucho mimo, profesores particulares... Hijo único. En fin, ya lo comprendes. Es preciso, como en otras ocasiones, la ayuda inteligente de algunos estudiantes.

Juana.—Intentamos antes que abandonara el bastón y no quiso. Dice que es muy torpe.

Don Pablo.—Pues hay que convencerle de que es un ser útil y de que tiene abiertos todos los caminos, si se atreve. Es cierto que aquí tiene el ejemplo, pero hay que administrárselo con tacto, y al talento de ustedes, señoritas. (*A* Juana.), y al de Carlos, muy particularmente, recomiendo la parte más importante: la creación de una camaradería verdadera que le alegre el corazón. No les será muy difícil... Los muchachos de este tipo están hambrientos de cariño y alegría y no suelen rechazarlos cuando se saben romper sus murallas interiores [14].

Doña Pepita.—¿Por qué no lo pones de compañero de habitación con Miguelín?

Don Pablo.—(*Asintiendo, sonriente.*) Ya está hecho... Pero no es preciso, señorita Elisa, que Miguelín sea informado de esta recomendación mía. Si lo tomase como un encargo, le saldría mal.

Elisa.—No le diré nada.

Doña Pepita.—Bueno. La cuestión se reduce a impregnar a ese Ignacio, en el plazo más breve, de nuestra famosa moral de acero. ¿No es así?

Don Pablo.—Exacto. Y basta de charla, que el acto de la apertura se aproxima. Señoritas: en ustedes... cuatro descanso satisfecho para este asunto.

Juana.—Descuide, don Pablo.

Doña Pepita.—Hasta ahora, hijitas.

---

[14] Ni don Pablo ni los demás miembros del colegio comprenden la situación y los deseos de Ignacio. Por eso ofrecen soluciones que para nada sirven.

JUANA.—Hasta ahora, doña Pepita.

DOÑA PEPITA.—Pablo, si no dispones otra cosa, mandaré conectar los altavoces. Los chicos tienen derecho a su ratito de música hasta la apertura...

> (*Se van charlando por la izquierda.* JUANA y ELISA *se pasean torpemente en primer término, en cariñoso emparejamiento.*)

JUANA.—¡Hablemos! (ELISA *no contesta. Parece preocupada.* JUANA *insiste.*) ¡Hablemos, Elisa!

ELISA.—*(Cavilosa.)* No me agrada el encargo del director. Ese Ignacio tiene algo indefinible que me repele. ¿Tú crees en el fluido magnético?

JUANA.—Sí, mujer. ¿Quién de nosotros no?

ELISA.—Muchos aseguran que eso es falso.

JUANA.—Muchos tontos... que no están enamorados.

ELISA.—*(Riendo.)* Tienes razón. Pero ése es el fluido bueno, y tiene que haber otro malo.

JUANA.—¿Cuál?

ELISA.—*(Grave.)* El de Ignacio. Cuando estaba con nosotras me pareció percibir una sensación de ahogo [15], una desazón y una molestia... Y cuando le di la mano se acentuó terriblemente. Una mano seca, ardorosa... ¡Cargada de malas intenciones!

JUANA.—Yo no noté eso. A mí me pareció simpático. *(Breve pausa.)* Y, sobre todo, es un ser desgraciado. Ese chico necesita adaptarse, nada más. ¡Y no pienses en esas tonterías del fluido maligno!

ELISA.—*(Maliciosa.)* ¡Pues prefiero el fluido de Miguelín!

JUANA.—*(Riendo.)* ¡Y yo el de Carlos! Pero calla. Se me ocurre una cosa...

---

[15] La sensación de Elisa presagia lo que después sucederá, aunque tampoco interpreta adecuadamente los pensamientos de Ignacio.

(Silencio. De pronto comienzan los altavoces lejanos a desgranar en el ambiente el adagio del «Claro de luna», de Beethoven, lentamente tocado.) [16]

ELISA.—¿Eh?
JUANA.—Escucha. ¡Qué hermoso!

(Pausa.)

ELISA.—Podemos seguir hablando, ¿no te parece?
JUANA.—Sí, sí. Te dije que callaras porque había encontrado... la solución del problema de Ignacio.
ELISA.—¿Sí? ¡Dime!
JUANA.—*(Con dulzura.)* La solución para Ignacio es... una novia... Y tenemos que encontrársela. Pensaremos juntas en todas nuestras amigas. *(Pausa breve.)* ¿No me dices nada? ¿No lo encuentras bien?
ELISA.—Sí, pero...
JUANA.—¡Es una idea magnífica! ¿Ya no te acuerdas de cuando paseábamos juntas, antes de que Carlos y Miguelín se decidiesen? No negarás que entonces estábamos bastante tristes... No habíamos llegado aún a la región de la alegría, como dice Carlos. (ELISA *la besa.*) ¡Y qué emoción cuando cambiamos las primeras confidencias! Cuando te dije: «¡Se me ha declarado, Elisa!».
ELISA.—Y yo te pregunté: «¿Cómo ha sido? ¡Anda, cuéntamelo!».
JUANA.—Sí. Y también, a una pregunta mía, me dijiste, melancólicamente: «No... Miguelín aún no me ha dicho nada... No me quiere».

---

[16]   Buero Vallejo utiliza con frecuencia la música en sus obras con un valor simbólico o como elemento argumental. Recordemos, por ejemplo, su extraordinaria importancia en *La señal que se espera, El concierto de Oviedo, La fundación, Jueces en la noche, Caimán, Lázaro en el laberinto* o *Música cercana.*

ELISA.—¡Y lo hizo al día siguiente!

JUANA.—Animado, sin duda, por el mío. Son unos granujas. Ellos también tienen sus confidencias.

ELISA.—Y después..., el primer beso...

JUANA.—*(Soñadora.)* O antes...

ELISA.—*(Estupefacta.)* ¿Qué?

> *(Pero se asusta repentinamente ante las llamadas de* MIGUELÍN, *en las que palpita un tono de angustia.)*

MIGUEL.—¡Elisa! ¡Elisa! ¡Elisa!

> *(Aparece por la derecha.)*

ELISA.—*(Corriendo hacia él asustada.)* ¡Aquí estoy, Miguelín! ¿Por qué gritas?

MIGUEL.—¡Ven!... *(Cambiando súbitamente el tono por uno de broma.)* que te abrace.

> *(Llega y lo hace, entre las risas de su novia.)*

ELISA.—¡Pegajoso!

JUANA.—Hay moros en la costa, Miguelín.

MIGUEL.—Ya, ya lo sé. Sacándonos a los cristianos el pellejo a tiras. Pero se acabó. Vámonos, Elisa.

JUANA.—¿Y Carlos?

MIGUEL.—No tardará. Me ha dicho que le esperes aquí.

JUANA.—¿Dónde habéis dejado a Ignacio?

MIGUEL.—En mi cuarto ha quedado. Dice que está cansado y que no asistirá a la apertura... Bueno, Elisita, que hay que coger buen sitio.

ELISA.—Sí, vámonos. ¿Te quedas, Juana?

JUANA.—Ahora vamos Carlos y yo... Guardadnos sitio.

MIGUEL.—Se procurará. Hasta ahora.

(ELISA y MIGUELÍN *se van por la izquierda.*
JUANA *queda sola. Pasea lentamente, mientras
escucha la sonata. Suspira. Un nuevo ruido interviene repentinamente: el inconfundible «tap-
tap» de un bastón.* JUANA *se inmoviliza y escucha. Por la derecha aparece* IGNACIO, *que se
dirige, despacio, al foro.*)

JUANA.—¡Ignacio! (IGNACIO *se detiene.*) Eres Ignacio,
¿no?
IGNACIO.—Sí, soy Ignacio. Y tú eres Juana[17].
JUANA.—*(Acercándose.)* ¿No estabas en tu cuarto?
IGNACIO.—De allí vengo... Adiós.

(*Comienza a andar.*)

JUANA.—¿Dónde vas?
IGNACIO.—*(Frío.)* A mi casa. (JUANA *se queda muda de
asombro.*) Adiós.

(*Da unos pasos.*)

JUANA.—Pero Ignacio... ¡Si ibas a estudiar con nosotros!
IGNACIO.—*(Deteniéndose.)* He cambiado de parecer.
JUANA.—¿En una hora?
IGNACIO.—Es suficiente.

(JUANA *se acerca y le coge cariñosamente de las
solapas. Él se inmuta.*)

JUANA.—No te dejes llevar de ese impulso irrazonable...
¿Cómo vas a llegar a tu casa?

---

[17]   Se inicia una decisiva escena que concluirá con el acto en la primera
victoria de Ignacio.

IGNACIO.—*(Nervioso, rehuyendo torpemente el contacto de ella.)* Eso es fácil.

JUANA.—¡Pero tu padre se llevará un disgusto grandísimo! ¿Y qué dirá don Pablo?

IGNACIO.—*(Despectivo.)* Don Pablo...

JUANA.—Y nosotros, todos nosotros lo sentiríamos. Te consideramos ya como un compañero... Un buen compañero, con quien pasar alegremente un curso inolvidable.

IGNACIO.—¡Calla! Todos tenéis el acierto de crisparme. ¡Y tú también! ¡Tú la primera! «Alegremente» es la palabra de la casa. Estáis envenenados de alegría. Y no era eso lo que pensaba yo encontrar aquí. Creí que encontraría... a mis verdaderos compañeros, no a unos ilusos.

JUANA.—*(Sonriendo con dulzura.)* Pobre Ignacio, me das pena.

IGNACIO.—¡Guárdate tu pena!

JUANA.—¡No te enfades! Es muy natural lo que te pasa. Todos hemos vivido momentos semejantes, pero eso concluye un día. *(Ladina.)* Y yo sé el remedio. *(Breve pausa.)* Si me escuchas con tranquilidad, te diré cuál es.

IGNACIO.—¡Estoy tranquilo!

JUANA.—Óyeme... Tú necesitas una novia. *(Pausa.* IGNACIO *comienza a reír levemente.)* ¡Te ríes! *(Risueña.)* ¡Pronto acerté!

IGNACIO.—*(Deja de reír. Grave.)* Estáis envenenados de alegría. Pero sois monótonos y tristes sin saberlo... Sobre todo las mujeres. Aquí, como ahí fuera, os repetís lamentablemente, seáis ciegas o no. No eres la primera en sugerirme esa solución pueril. Mis vecinitas decían lo mismo.

JUANA.—¡Bobo! ¿No comprendes que se insinuaban?

IGNACIO.—¡No! Ellas también estaban comprometidas..., como tú. Daban el consejo estúpido que la estúpida alegría amorosa os pone a todas en la boca. Es... como una falsa generosidad. Todas decís: «¿Por qué no te echas novia?». Pero ninguna, con la inefable emoción del amor en la voz, ha dicho: «Te quiero». *(Furioso.)* Ni tú tampoco, ¿no es así? ¿O acaso lo dices? *(Pausa.)* No necesito una novia. ¡Necesito un «te quiero» dicho con toda el alma! «Te quiero con tu tristeza y tu angustia; para sufrir contigo, y no para llevarte a ningún falso reino de la alegría». No hay mujeres así.

JUANA.—*(Vagamente dolida en su condición femenina.)* Acaso tú no le hayas preguntado a ninguna mujer.

IGNACIO.—*(Duro.)* ¿A una vidente?

JUANA.—¿Por qué no?

IGNACIO.—*(Irónico.)* ¿A una vidente?

JUANA.—¡Qué mas da! ¡A una mujer!

(Breve pausa.)

IGNACIO.—¡Al diablo todas, y tú de capitana! Quédate con tu alegría; con tu Carlos, muy bueno y muy sabio... y completamente tonto, porque se cree alegre. Y como él, Miguelín, y don Pablo y todos. ¡Todos! Que no tenéis derecho a vivir, porque os empeñáis en no sufrir; porque os negáis a enfrentaros con vuestra tragedia, fingiendo una normalidad que no existe, procurando olvidar e, incluso, aconsejando duchas de alegría para reanimar a los tristes... *(Movimiento de* JUANA.*)* ¡Crees que no lo sé! Lo adivino. Tu don Pablo tuvo la candidez de insinuárselo a mi padre, y éste os lo pidió descaradamente... *(Sarcástico.)* Vosotros sois los alumnos modelo, los leales colaboradores del profesorado en la lucha contra la desesperación, que se agazapa por todos los rincones de la casa. *(Pausa.)* ¡Ciegos! ¡Ciegos y no invidentes, imbéciles!

JUANA.—*(Conmovida.)* No sé qué decirte... Ni quiero mentirte tampoco... Pero respeta y agradece al menos nuestro buen deseo. ¡Quédate! Prueba...

IGNACIO.—No.

JUANA.—¡Por favor! No puedes marcharte ahora; sería escandaloso. Y yo... No acierto con las palabras. No sé cómo podría convencerte.

IGNACIO.—No puedes convencerme.

JUANA.—*(Con las manos juntas, alterada.)* No te vayas. Soy muy torpe, lo comprendo... Tú aciertas a darme la sensación de mi impotencia... Si te vas, todos sabrán que hablé contigo y no conseguí nada. ¡Quédate!

IGNACIO.—¡Vanidosa!

JUANA.—*(Condolida.)* No es vanidad, Ignacio. *(Triste.)* ¿Quieres que te lo pida de rodillas?

(Breve pausa.)

IGNACIO.—*(Muy frío.)* ¿Para qué de rodillas? Dicen que ese gesto causa mucha impresión a los videntes... Pero nosotros no lo vemos. No seas tonta; no hables de cosas que desconoces, no imites a los que viven de verdad. ¡Y ahórrame tu desagradable debilidad, por favor! *(Gran pausa.)* Me quedo.

JUANA.—¡Gracias!

IGNACIO.—¿Gracias? Hacéis mal negocio. Porque vosotros sois demasiado pacíficos, demasiado insinceros, demasiado fríos. Pero yo estoy ardiendo por dentro; ardiendo con un fuego terrible, que no me deja vivir y que puede haceros arder a todos... Ardiendo en esto que los videntes llaman oscuridad, y que es horroroso..., porque no sabemos lo que es. Yo os voy a traer guerra y no paz [18].

JUANA.—No hables así. Me duele. Lo esencial es que te quedes. Estoy segura de que será bueno para todos.

IGNACIO.—*(Burlón.)* Torpe... y tonta. Tu optimismo y tu ceguera son iguales... La guerra que me consume os consumirá.

JUANA.—*(Nuevamente afligida.)* No, Ignacio. No debes traernos ninguna guerra. ¿No será posible que todos vivamos en

---

[18] La frase recuerda la de Cristo en el Evangelio de San Mateo, 10, 34. Un versículo evangélico se sitúa al comienzo de la obra (Juan, 1, 5) y unas palabras bíblicas (Miqueas, 7, 6) sirven de lema a *Historia de una escalera. Las palabras en la arena,* como es sabido, dramatiza el episodio de la mujer adúltera que narra San Juan, 8, 1-11. Todo ello evidencia no sólo el conocimiento que Buero Vallejo tiene del Antiguo y del Nuevo Testamento, sino también el aprecio de sus posibilidades simbólicas. En obras más recientes es destacable al respecto el personaje principal de *Lázaro en el laberinto.*

paz? No te comprendo bien. ¿Por qué sufres tanto? ¿Qué te pasa? ¿Qué es lo que quieres?

(Breve pausa.)

IGNACIO.—*(Con tremenda energía contenida.)* ¡Ver!
JUANA.—*(Se separa de él y queda sobrecogida.)* ¿Qué?
IGNACIO.—¡Sí! ¡Ver! Aunque sé que es imposible, ¡ver! Aunque en este deseo se consuma estérilmente mi vida entera, ¡quiero ver! No puedo conformarme. No debemos conformarnos. ¡Y menos, sonreír! Y resignarse con vuestra estúpida alegría de ciegos, ¡nunca! *(Pausa.)* Y aunque no haya ninguna mujer de corazón que sea capaz de acompañarme en mi calvario, marcharé solo, negándome a vivir resignado, ¡porque quiero ver!

(Pausa. Los altavoces lejanos siguen sonando. JUANA está paralizada, con la mano en la boca y la angustia en el semblante. CARLOS irrumpe rápido por la derecha.)

CARLOS.—¡Juana! *(Silencio. JUANA se vuelve hacia él, instintivamente; luego, desconcertada, se vuelve a IGNACIO, sin decidirse a hablar.)* ¿No estás aquí, Juanita?... ¡Juana! *(JUANA no se mueve ni contesta. IGNACIO, sumido en su amargura, tampoco. CARLOS pierde su instintiva seguridad; se siente extrañamente solo. Ciego. Adelanta indeciso los brazos, en el gesto eterno de palpar el aire, y avanza con precaución.)* ¡Juana!... ¡Juana!...

(Sale por la izquierda llamándola, de nuevo con voz segura y trivial.)

TELÓN

ACTO SEGUNDO

El fumadero. Los árboles del fondo muestran ahora el esqueleto de sus ramas, sólo aquí y allá moteadas de hojas amarillas. En el suelo de la terraza abundan las hojas secas, que el viento trae y lleva[19].

> (ELISA *se encuentra en la terraza, recostada en el quicio de la portalada, con el aire mustio y los cabellos alborotados por la brisa. Después de un momento, entran por la derecha* JUANA *y* CARLOS, *del brazo. En vano intentan ocultarse el uno al otro su tono preocupado.*)

CARLOS.—Juana...

JUANA.—Dime.

CARLOS.—¿Qué te ocurre?

JUANA.—Nada.

CARLOS.—No intentes negármelo. Llevas ya algún tiempo así...

JUANA.—*(Con falsa ligereza.)* ¿Así, cómo?

CARLOS.—Así como... inquieta.

---

[19]   El ambiente contrasta con el señalado al comenzar el acto primero, como «el aire mustio» de Elisa es la antítesis del «aire risueño» que allí tenían los jóvenes.

(Se sienta en uno de los sillones del centro.
JUANA *lo hace en el sofá, a su lado.)*

JUANA.—No es nada...

(Breve pausa.)

CARLOS.—Siempre nos dijimos nuestras preocupaciones...
¿No quieres darme el placer de compartir ahora las tuyas?
JUANA.—¡Si no estoy preocupada!

(Breve pausa.)

CARLOS.—*(Acariciándole una mano.)* Sí. Sí lo estás. Y yo
también.
JUANA.—¿Tú? ¿Tú estás preocupado? Pero ¿por qué?
CARLOS.—Por la situación que ha creado... Ignacio.

(Breve pausa.)

JUANA.—¿La crees grave?
CARLOS.—¿Y tú? *(Sonriendo.)* Vamos, sincérate conmigo...
Siempre lo hiciste.
JUANA.—No sé qué pensar... Me considero parcialmente
culpable.
CARLOS.—*(Sin entonación.)* ¿Culpable?
JUANA.—Sí. Ya te dije que el día de la apertura logré disua-
dirle de su propósito de marcharse. Y ahora pienso que quizá
hubiera sido mejor.
CARLOS.—Hubiera sido mejor; pero todavía es posible
arreglar las cosas, ¿no crees?
JUANA.—Tal vez.
CARLOS.—Ayer tuve que decirle lo mismo a don Pablo...
Es sorprendente lo afectado que está. No supo concretarme
nada; pero se desahogó confiándome sus aprensiones... Encuentra a los muchachos más reservados, menos decididos que

antes. Los concursos de emulación en el estudio se realizan ahora mucho más lánguidamente... Yo traté de animarle. Me causaba lástima encontrarle tan indeciso. Lástima... y una sensación muy rara.

JUANA.—¿Una sensación muy rara? ¿Qué sensación?

CARLOS.—Casi no me atrevo a decírtelo... Es tan nueva para mí... Una sensación como de... desprecio.

JUANA.—¡Carlos!

CARLOS.—No lo pude evitar. ¡Ah! Y también me preguntó qué le ocurría a Elisita, y si había reñido con Miguelín. Por consideración a Miguelín no quise explicárselo a fondo.

JUANA.—¡Pobre Elisa! Cuando estábamos en la mesa noté perfectamente que apenas comía. *(Breve pausa.)* Es raro que no esté por aquí.

> (ELISA *no acusa estas palabras, aunque no está tan lejos como para no oírlas. Continúa abstraída en sus pensamientos. Tampoco ellos intuyen su presencia: el enlace parece haberse roto entre los ciegos.)*

CARLOS.—Es ya tarde. Esto no tardará en llenarse, y seguramente se ha refugiado en algún rincón solitario. *(Súbitamente enardecido.)* ¡Y por ella, y por todos, y por ese imbécil de Miguelín también, hay que arreglar esto!

JUANA.—¿De qué modo?

CARLOS.—Ignacio nos ha demostrado que la cordialidad y la dulzura son inútiles con él. Es agrio y despegado... ¡Está enfermo! Responde a la amistad con la maldad.

JUANA.—Está intranquilo; carece de paz interior...

CARLOS.—No tiene paz ni la quiere. *(Pausa grave.)* ¡Tendrá guerra! [20].

---

[20]   La palabra *guerra* posee aquí un significado completamente distinto al que tenía en boca de Ignacio.

JUANA.—*(Levantándose, súbitamente, para pasear su agitación.)* ¿Guerra?

CARLOS.—¿Qué te pasa?

JUANA.—*(Desde el primer término.)* Has pronunciado una palabra... tan odiosa... ¿No es mejor siempre la dulzura?

CARLOS.—No conoces a Ignacio. En el fondo es cobarde; hay que combatirle. ¡Quién nos iba a decir cuando vino que, lejos de animarle, nos desuniría a nosotros! Porque perdemos posiciones, Juana. Posee una fuerza para el contagio con la que no contábamos.

JUANA.—Yo pensé algún tiempo en buscarle una novia..., pero no la he encontrado. ¡Y qué gran solución sería!

CARLOS.—Tampoco. Ignacio no es hombre a quien pueda cambiar ninguna mujer. Ahora está rodeado de compañeras, bien lo sabes... Van a él como atraídas por un imán. Y él las desdeña. Sólo nos queda un camino: desautorizarle ante los demás por la fuerza del razonamiento [21], hacerle indeseable a los compañeros. ¡Forzarle a salir de aquí!

JUANA.—¡Qué fracaso para el centro!

CARLOS.—¿Fracaso? La razón no puede fracasar, y nosotros la tenemos.

JUANA.—*(Compungida.)* Sí... Pero una novia le regeneraría.

CARLOS.—*(Cariñoso.)* Vamos, ven aquí... ¡Ven! *(Ella se acerca despacio. Él toma sus manos.)* Juanita mía, ¡me gustas tanto por tu bondad! Si fueras médico emplearías siempre bálsamos y nunca el escalpelo. (JUANA *se recuesta, sonriente, en el sillón y le besa.)* Nos hemos quedado solos para combatir, Juana. No desertes tú también.

(Breve pausa.)

---

[21]   Carlos intentará este procedimiento, el de la descalificación por el diálogo, antes de llegar a su injustificable acotación final, precisamente por no haber entendido el íntimo anhelo de Ignacio.

JUANA.—¿Por qué dices eso?

CARLOS.—Por nada. Es que ahora te necesito más que nunca.

> (Entran por el foro IGNACIO y los tres estudiantes. IGNACIO no ha abandonado su bastón, pero ha acentuado su desaliño: no lleva corbata.)

ANDRÉS.—Aquí, Ignacio.

> (Conduciéndolo a los sillones de la izquierda.)

IGNACIO.—¿Vienen las chicas?

ALBERTO.—No se las oye.

IGNACIO.—Menos mal. Llegan a ponerse inaguantables.

ANDRÉS.—No te preocupes por ellas. Anda, siéntate. (Sacando una cajetilla.) Toma un cigarrillo.

IGNACIO.—No, gracias. (Se sienta.) ¿Para qué fumar? ¿Para imitar a los videntes? [22].

ANDRÉS.—Tienes razón. El primer pitillo se fuma por eso. Lo malo es que luego se coge el vicio. Tomad vosotros.

> (Da cigarrillos a los otros. Se sientan. Cada uno enciende con su cerilla y la tira en el cenicero. CARLOS crispa las manos sobre el sillón y JUANA se sienta en el sofá.)

CARLOS.—(Con ligero tono de reto.) Buenas tardes, amigos.

IGNACIO, ANDRÉS y ALBERTO.—(Con desgana.) Hola.

PEDRO.—Hola, Carlos. ¿Qué haces por aquí?

CARLOS.—Aquí estoy, con Juana.

---

[22] En su comportamiento une Ignacio los más nobles sentimientos con otros apenas admisibles. En este caso no es válida su conclusión, como tampoco lo son el resentimiento que se deduce de la narración inmediata ni su posterior crueldad con doña Pepita.

(IGNACIO *levanta la cabeza.*)

IGNACIO.—Se está muy bien aquí. Tenemos un buen otoño.

ANDRÉS.—Aún es pronto. El sol está dando en la terraza.

PEDRO.—Bueno, Ignacio, prosigue con tu historia.

IGNACIO.—¿Dónde estábamos?

ALBERTO.—Estábamos en que en aquel momento trope-
zaste.

IGNACIO.—*(Se arrellana y suspira.)* Sí. Fue al bajar los es-
calones. Seguramente a vosotros os ha ocurrido alguna vez.
Uno cuenta y cree que han terminado. Entonces se adelanta
confiadamente el pie y se pega un gran pisotón en el suelo. Yo
lo pegué y el corazón me dio un vuelco. Apenas podía tenerme
en pie; las piernas se habían convertido en algodón, y las muchachas se estaban riendo a carcajadas. Era una risa limpia y
sin malicia; pero a mí me traspasó. Y sentí que me ardía el rostro. Las muchachas trataban de cortar sus risas; no podían, y
volvían a empezar. ¿Habéis notado que muchas veces las mujeres no pueden dejar de reír? Se ponen tan nerviosas, que les
es imposible... Yo estaba a punto de llorar. ¡Sólo tenía quince
años! Entonces me senté en un escalón y me puse a pensar. Intenté comprender por primera vez por qué estaba ciego y por
qué tenía que haber ciegos. ¡Es abominable que la mayoría de
las personas, sin valer más que nosotros, gocen, sin mérito alguno, de un poder misterioso que emana de sus ojos y con el
que pueden abrazarnos y clavarnos el cuerpo sin que podamos
evitarlo! Se nos ha negado ese poder de aprehensión de las cosas a distancia, y estamos por debajo, ¡sin motivo!, de los que
viven ahí fuera. Aquella vieja cantinela de los ciegos que se si-
tuaban por las esquinas en tiempo de nuestros padres, cuando
decían, para limosnear: «No hay prenda como la vista, herma-
nitos», no armoniza bien tal vez con nuestra tranquila vida de
estudiantes; pero yo la creo mucho más sincera y más valiosa.
Porque ellos no hacían como nosotros; no incurrían en la ton-
tería de creerse normales.

(A medida que CARLOS *escuchaba a* IGNACIO, *su expresión de ira reprimida se ha acentuado.* JUANA *ha reflejado en su rostro una extraña identificación con las incidencias del relato.)*

ANDRÉS.—*(Reservado.)* Acaso tengas razón... Yo he pensado también mucho en esas cosas. Y creo que con la ceguera no sólo carecemos de un poder a distancia, sino de un placer también. Un placer maravilloso, seguramente. ¿Cómo supones tú que será?

*(*MIGUELÍN, *que no ha perdido del todo su aire jovial, desemboca en la terraza por la izquierda. Pasa junto a* ELISA, *sin sentirla —ella se mueve con ligera aprensión—, y llega al interior a tiempo de escuchar las palabras de* IGNACIO.*)*

IGNACIO.—*(Accionando para él solo con sus manos llenas de anhelo y violencia, subraya inconscientemente la calidad táctil que sus presunciones ofrecen.)* Pienso que es como si por los ojos entrase continuamente un cosquilleo que fuese removiendo nuestros nervios y nuestras vísceras... y haciéndonos sentir más tranquilos y mejores.

ANDRÉS.—*(Con un suspiro.)* Así debe de ser.

MIGUEL.—¡Hola, chicos!

(Desde la terraza, ELISA *levanta la cabeza, lleva las manos al pecho y se empieza a acercar.)*

PEDRO.—Hola, Miguelín.

ANDRÉS.—Llegas a tiempo para decirnos cómo crees tú que es el placer de ver.

MIGUEL.—¡Ah! Pues de un modo muy distinto a como lo ha explicado Ignacio. Pero nada de eso importa, porque a mí se me ha ocurrido hoy una idea genial —¡no os riáis!—, y es la siguiente: nosotros no vemos. Bien. ¿Concebimos la vista?

No. Luego la vista es inconcebible. Luego los videntes no ven tampoco

(*Salvo* IGNACIO, *el grupo ríe a carcajadas.*)

PEDRO.—¿Pues qué hacen, si no ven?

MIGUEL.—No os riáis, idiotas. ¿Qué hacen? Padecen una alucinación colectiva. ¡La locura de la visión! Los únicos seres normales en este mundo de locos somos nosotros [23].

(*Estallan otra vez las risas.* MIGUELÍN *ríe también.* ELISA *sufre.*)

IGNACIO.—(*Cuya voz profunda y melancólica acalla las risas de los otros.*) Miguelín ha encontrado una solución, pero absurda. Nos permitiría vivir tranquilos si no supiéramos demasiado bien que la vista existe. (*Suspira.*) Por eso tu hallazgo no nos sirve.

MIGUEL.—(*Con repentina melancolía en la voz.*) Pero, ¿verdad que es gracioso?

IGNACIO.—(*Sonriente.*) Sí. Tú has sabido ocultar entre risas, como siempre, lo irreparable de tu desgracia.

(*La seriedad de* MIGUELÍN *aumenta.*)

ELISA.—(*Que no puede más.*) ¡Miguelín!

JUANA.—¡Elisa!

MIGUEL.—(*Trivial.*) ¡Caramba, Juana! ¿Estabas aquí? ¿Y Carlos?

CARLOS.—Aquí estoy también. Y si me lo permitís (*Apretando sobre el sillón la mano de* JUANA *en muda advertencia.*), me sentaré con vosotros.

---

[23] Miguel sugiere una solución ingeniosa, pero falsa, inaceptable y absurda como la alegría que se disfrutaba en el colegio.

(Se sienta a la izquierda del grupo.)

ELISA.—¡Miguelín, escucha! ¡Vamos a pasear al campo de deportes! ¡Se está muy bien ahora! ¿Quieres?

MIGUEL.—*(Despegado.)* Elisita, si acabo de llegar de allí precisamente. Y ésta es una conversación muy interesante. ¿Por qué no te sientas con Juana?

JUANA.—Ven conmigo, Elisa. Aquí tienes un sillón.

(ELISA *suspira y no dice nada. Se sienta junto a* JUANA, *quien la mima y la conforta en su desaliento, hasta que el interés de la conversación entre* IGNACIO *y* CARLOS *absorbe a las dos.)*

ALBERTO.—¿Nos escuchabas, Carlos?

CARLOS.—Sí, Alberto. Todo era muy interesante.

ANDRÉS.—¿Y qué opinas tú de ello?

CARLOS.—*(Con tono mesurado.)* No entiendo bien algunas cosas. Sabéis que soy un hombre práctico. ¿A qué fin razonable os llevaban vuestras palabras? Eso es lo que no comprendo. Sobre todo cuando no encuentro en ellas otra cosa que inquietud y tristeza.

MIGUEL.—¡Alto! También había risas... *(De nuevo con involuntaria melancolía.)* provocadas por la irreparable desgracia de este humilde servidor.

(Risas.)

CARLOS.—*(Con tono de creciente decisión.)* Siento decirte, Miguelín, que a veces no eres nada divertido. Pero dejemos eso. *(Vibrante.)* A ti, Ignacio *(Éste se estremece ante el tono de* CARLOS.), a ti es a quien quiero preguntar algo: ¿quieres decir con lo que nos has dicho que los invidentes formamos un mundo aparte de los videntes?

IGNACIO.—*(Que parece asustado, carraspea.)* Pues... yo he querido decir...

CARLOS.—*(Tajante.)* No, por favor. ¿Lo has querido decir, sí o no?

IGNACIO.—Pues... sí. Un mundo aparte... y más desgraciado.

CARLOS.—¡Pues no es cierto! Nuestro mundo y el de ellos es el mismo. ¿Acaso no estudiamos como ellos? ¿Es que no somos socialmente útiles como ellos? ¿No tenemos también nuestras distracciones? ¿No hacemos deporte? *(Pausa breve.)* ¿No amamos, no nos casamos?

IGNACIO.—*(Suave.)* ¿No vemos?

CARLOS.—*(Violento.)* ¡No, no vemos! Pero ellos son mancos, cojos, paralíticos, están enfermos de los nervios, del corazón o del riñón; se mueren a los veinte años de tuberculosis o los asesinan en las guerras. O se mueren de hambre.

ALBERTO.—Eso es cierto.

CARLOS.—¡Claro que es cierto! La desgracia está muy repartida entre los hombres, pero nosotros no formamos rancho aparte en el mundo. ¿Quieres una prueba definitiva? Los matrimonios entre nosotros y los videntes. Hoy son muchos; mañana serán la regla... Hace tiempo que habríamos conseguido mejores resultados si nos hubiésemos atrevido a pensar así en lugar de salmodiar lloronamente el «no hay prenda como la vista», de que hablabas antes. *(Severo, a los otros.)* Y me extraña mucho que vosotros, viejos ya en la institución, podáis dudarlo ni por un momento. *(Pausa breve.)* Se comprende que dude Ignacio... No sabe aún lo grande, lo libre y hermosa que es nuestra vida. No ha adquirido confianza; tiene miedo a dejar su bastón... ¡Sois vosotros quienes debéis ayudarle a confiar!

(Pausa.)

ANDRÉS.—¿Qué dices a eso, Ignacio?

IGNACIO.—Las razones de Carlos son muy débiles. Pero esta conversación parece un pugilato. ¿No sería mejor dejarla? Yo te estimo, Carlos, y no quisiera...

PEDRO.—No, no. Debes contestarle.

IGNACIO.—Es que...

CARLOS.—*(Burlón, creyendo vencer.)* No te preocupes, hombre. Contéstame. No hay nada más molesto que un problema a medio resolver.

IGNACIO.—Olvidas que, por desgracia, los grandes problemas no suelen resolverse.

(Se levanta y sale del grupo.)

ANDRÉS.—¡No te marches!

CARLOS.—*(Con aparente benevolencia.)* Déjale, Andrés... Es comprensible. No tiene todavía seguridad en sí mismo...

IGNACIO.—*(Junto al velador de la derecha.)* Y por eso necesito mi bastón, ¿no?

CARLOS.—Tú mismo lo dices...

IGNACIO.—*(Cogiendo sin ruido el cenicero que hay sobre el velador y metiéndoselo en el bolsillo de la chaqueta.)* Todos lo necesitamos para no tropezar.

CARLOS.—¡Lo que te hace tropezar es el miedo, el desánimo! Llevarás el bastón toda tu vida y tropezarás toda tu vida. ¡Atrévete a ser como nosotros! ¡Nosotros no tropezamos!

IGNACIO.—Muy seguro estás de ti mismo. Tal vez algún día tropieces y te hagas mucho daño... Acaso más pronto de lo que crees. *(Pausa.)* Por lo demás, no pensaba marcharme. Deseo contestarte, pero permitidme todos que lo haga paseando... Así me parece que razono mejor. *(Ha tomado por su tallo el velador y marcha, marcando bien los golpes del bastón, al centro de la escena. Allí lo coloca suavemente, sin el menor ruido.)* Tú, Carlos, pareces querer decirnos que hay que atreverse a confiar; que la vida es la misma para nosotros y para los videntes.

CARLOS.—Cabalmente.

IGNACIO.—Confías demasiado. Tu seguridad es ilusoria... No resistiría el tropiezo más pequeño. Te ríes de mi bastón, pero mi bastón me permite pasear por aquí, como hago ahora, sin miedo a los obstáculos.

(Se dirige al primer término derecho y se vuelve. El velador se encuentra exactamente en la línea que le une con CARLOS.*)*

CARLOS.—*(Riendo.)* ¿Qué obstáculos? ¡Aquí no hay ninguno! ¿Te das cuenta de tu cobardía? Si usases sin temor de tu conocimiento del sitio, como hacemos nosotros, tirarías ese palo.

IGNACIO.—No quiero tropezar.

CARLOS.—*(Exaltado.)* ¡Si no puedes tropezar! Aquí todo está previsto. No hay un solo rincón de la casa que no conozcamos. El bastón está bien para la calle, pero aquí...

IGNACIO.—Aquí también es necesario. ¿Cómo podemos saber nosotros, pobres ciegos, lo que nos acecha alrededor?

CARLOS.—¡No somos pobres! ¡Y lo sabemos perfectamente! (IGNACIO *ríe sin rebozo.*) ¡No te rías!

IGNACIO.—Perdona, pero... me resulta tan pueril tu optimismo... Por ejemplo, si yo te pidiera que te levantases y vinieses muy aprisa a donde me encuentro, quieres hacernos creer que lo harías sin miedo...

CARLOS.—*(Levantándose de golpe.)* ¡Naturalmente! ¿Quieres que lo haga?

(Pausa.)

IGNACIO.—*(Grave.)* Sí, por favor. Muy de prisa, no lo olvides.

CARLOS.—¡Ahora mismo!

(Todos los ciegos adelantan la cabeza, en escucha. CARLOS *da unos pasos rápidos, pero de pronto la desconfianza crispa su cara y disminuye la marcha, extendiendo los brazos. No*

tarda en palpar el velador, y una expresión de odio brutal le invade.)

IGNACIO.—Vienes muy despacio.

CARLOS.—*(Que, bordeando el velador, ha avanzado con los puños cerrados hasta enfrentarse con* IGNACIO.) No lo creas. Ya estoy aquí.

IGNACIO.—Has vacilado.

CARLOS.—¡Nada de eso! Vine seguro de convencerte de lo vano de tus miedos. Y... te habrás persuadido... de que no hay obstáculos por en medio.

IGNACIO.—*(Triunfante.)* Pero te dio miedo. ¡No lo niegues! *(A los demás.)* Le dio miedo. ¿No le oísteis vacilar y pararse?

MIGUEL.—Hay que reconocerlo, Carlos. Todos lo advertimos.

CARLOS.—*(Rojo.)* ¡Pero no lo hice por miedo! Lo hice porque de pronto comprendí...

IGNACIO.—¡Qué! ¿Acaso que podía haber obstáculos? Pues si no llamas a eso miedo, llámalo como quieras.

MIGUEL.—¡Un tanto para Ignacio!

CARLOS.—*(Dominándose.)* Es cierto. No fue miedo, pero hubo una causa que..., que no puedo explicar. Esta prueba es nula.

IGNACIO.—*(Benévolo.)* No tengo inconveniente en concedértelo. *(Mientras habla se encamina al grupo para sentarse de nuevo.)* Pero aún he de contestar a tus argumentos... Estudiamos, sí *(A todos.);* la décima parte de las cosas que estudian los videntes. Hacemos deportes..., menos nueve décimas partes de ellos. *(Se ha sentado plácidamente.* CARLOS, *que permanece inmóvil en el primer término, cruza los brazos tensos para contenerse.)* Y en cuanto al amor...

ALBERTO.—Eso no podrás negarlo.

IGNACIO.—El amor es algo maravilloso. El amor, por ejemplo, entre Carlos y Juana. (JUANA, *que ha seguido angustiada las peripecias de la disputa, se sobresalta.)* ¡Pero esa maravilla no pasa de ser una triste parodia del amor entre los videntes! Porque ellos poseen al ser amado por entero. Son capaces de englobarle en una mirada. Nosotros poseemos... a pedazos. Una caricia, el arrullo momentáneo de la voz... En realidad no nos amamos. Nos compadecemos y tratamos de disfrazar esa triste piedad con alegres tonterías, llamándola amor. Creo que sabría mejor si no la disfrazásemos [24].

MIGUEL.—¡Segundo tanto para Ignacio!

CARLOS.—*(Conteniéndose.)* Me parece que has olvidado contestar a algo muy importante...

IGNACIO.—Puede ser.

CARLOS.—Los matrimonios entre videntes e invidentes, ¿no prueban que nuestro mundo y el de ellos es el mismo? ¿No son una prueba de que el amor que sentimos y hacemos sentir no es una parodia?

IGNACIO.—¡Ja, ja, ja! Yo no quisiera que mis palabras se interpretasen mal por alguien...

ANDRÉS.—Todos te prometemos discreción.

> (DOÑA PEPITA *avanza por la derecha de la terraza hacia la portalada, mirándolos tras los cristales. Al oír su nombre se detiene.)*

IGNACIO.—La región del optimismo donde Carlos sueña no le deja apreciar la realidad. *(A* CARLOS.*)* Por eso no te has enterado de un detalle muy significativo que todos sabemos por las visitas. Muy significativo. Doña Pepita y don Pablo se casaron porque don Pablo necesitaba un bastón *(Golpea el suelo con el suyo.);* pero, sobre todo *(Se detiene.),* por una de esas

---

[24] Recuerdan estas afirmaciones de Ignacio (que no se corresponden con su seguridad, gracias al amor, al final del acto) otras de Laura en *Casi un cuento de hadas,* que más que la posibilidad de amor ve para ellos la de compartir carencias y sufrimientos: «Mírame, Riquet. Espantosa, ¿verdad? Como tú. Mira en mi cara tu propio horror. Sólo yo puedo comprenderte...». En *Casi un cuento de hadas* se expone también el problema de las limitaciones humanas (fealdad de Riquet-nesciencia de Leticia) y la posibilidad de superarlas.

cosas que los ciegos no comprendemos, pero que son tan importantes para los videntes. Porque... ¡doña Pepita es muy fea!

(Un silencio. Poco a poco, la idea les complace. Ríen hasta estallar en grandes carcajadas. CARLOS, *violento, no sabe qué decir.)*

MIGUEL.—¡Tercer tanto para Ignacio!

(Arrecian las carcajadas. CARLOS *se retuerce las manos.* JUANA *ha apoyado la cabeza en las manos y está ensimismada.* DOÑA PEPITA, *que inclinó la cabeza con tristeza, se sobrepone e interviene.)*

DOÑA PEPITA.—*(Cordial.)* ¡Buenas tardes, hijitos! Les encuentro muy alegres. *(A su voz, las risas cesan de repente.)* Algún chiste de Miguelín, probablemente... ¿No es eso?

(Todos se levantan, conteniendo algunos la risa de nuevo.)

MIGUEL.—Lo acertó usted, doña Pepita.
DOÑA PEPITA.—Pues le voy a reñir por hacerles perder el tiempo de ese modo. Van a dar las tres y aún no han ido a ensayar al campo... ¿A qué altura van a dejar el nombre del centro en el concurso de patín? ¡Vamos! ¡Al campo todo el mundo!
MIGUEL.—Usted perdone.
DOÑA PEPITA.—Perdonado. Pórtese bien ahora en la pista. Y ustedes, señoritas, vengan conmigo a la terraza a tomar el aire. *(Los estudiantes van desfilando hacia la terraza y desaparecen por la izquierda, entre risas reprimidas.* CARLOS, IGNACIO, JUANA *y* ELISA *permanecen.* DOÑA PEPITA *se dirige entonces a* CARLOS *con especial ternura. El estudiante es para ella el alumno predilecto de la casa. Tal vez el hijo de*

carne que no llegó a tener con DON PABLO... *Acaso esté un poco enamorada de él sin saberlo.)* Carlos, don Pablo quiere hablarle.

CARLOS.—Ahora voy, doña Pepita. En cuanto termine un asuntillo con Ignacio.

DOÑA PEPITA.—Y usted, ¿no quiere patinar, Ignacio? ¿Cuándo se decide a dejar el bastón?

IGNACIO.—No me atrevo, doña Pepita. Además, ¿para qué?

DOÑA PEPITA.—Pues, hijo, ¿no ve a sus compañeros cómo van y vienen sin él?

IGNACIO.—No, señora. Yo no veo nada.

DOÑA PEPITA.—*(Seca.)* Claro que no. Perdone. Es una forma de hablar... ¿Vamos, señoritas?

JUANA.—Cuando guste.

DOÑA PEPITA.—*(Enlazando por el talle a las dos muchachas.)* Ahí se quedan ustedes. *(Afectuosa.)* No olvide a don Pablo, Carlos.

CARLOS.—Descuide. Voy en seguida.

(DOÑA PEPITA *y las muchachas avanzan hacia la barandilla, donde se recuestan.* DOÑA PEPITA *acciona vivamente, explicando a las ciegas las incidencias del patinaje.* IGNACIO *vuelve a sentarse. Una pausa.)*

IGNACIO.—Tú dirás.

(CARLOS *no dice nada. Se acerca al velador y lo coge para devolverlo, con ostensible ruido, a su primitivo lugar. Después se enfrenta con* IGNACIO.)

CARLOS.—*(Seco.)* ¿Dónde has dejado el cenicero?
IGNACIO.—*(Sonriendo.)* ¡Ah!, sí. Se me olvidaba. Tómalo.

(*Se lo alarga.* CARLOS *palpa en el vacío y lo atrapa bruscamente.)*

CARLOS.—¡No sé si te das cuenta de que estoy a punto de agredirte!

IGNACIO.—No tendrías más razón aunque lo hicieras.

> (CARLOS *se contiene. Después va a dejar el cenicero en su sitio, con un sonoro golpe, y vuelve al lado de* IGNACIO.)

CARLOS.—*(Resollando.)* Escucha, Ignacio. Hablemos lealmente. Y con la mayor voluntad de entendernos.

IGNACIO.—Creo entenderte muy bien.

CARLOS.—Me refiero a entendernos en la práctica.

IGNACIO.—No es muy fácil.

CARLOS.—De acuerdo. Pero ¿no lo crees necesario?

IGNACIO.—¿Por qué?

CARLOS.—*(Con impaciencia reprimida.)* Procuraré explicarme. Ya que no pareces inclinado a abandonar tu pesimismo, para mí merece todos los respetos. ¡Pero encuentro improcedente que intentes contagiar a los demás! ¿Qué derecho tienes a eso?

IGNACIO.—No intento nada. Me limito a ser sincero, y ese contagio de que me hablas no es más que el despertar de la sinceridad de cada cual. Me parece muy conveniente, porque aquí había muy poca. ¿Quieres decirme, en cambio, qué derecho te asiste para recomendar constantemente la alegría, el optimismo y todas esas zarandajas?

CARLOS.—Ignacio, sabes que son cosas muy distintas. Mis palabras pueden servir para que nuestros compañeros consigan una vida relativamente feliz. Las tuyas no lograrán más que destruir; llevarlos a la desesperación, hacerles abandonar sus estudios.

> (DOÑA PEPITA *interpela desde la terraza a los que patinan en el campo.* IGNACIO *y* CARLOS *se interrumpen y escuchan.*)

DOÑA PEPITA.—¡Se ha caído usted ya dos veces, Miguelín! Eso está muy mal. ¿Y a usted, Andrés, qué le pasa? ¿Por qué no se lanza?... Vaya. Otro que se cae. Están ustedes cada día más inseguros...

CARLOS.—¿Lo oyes?

IGNACIO.—¿Y qué?

CARLOS.—¡Qué tú eres el culpable!

IGNACIO.—¿Yo?

CARLOS.—¡Tú, Ignacio! Y yo te invito, amistosamente, a reflexionar... y a colaborar para mantener limpio el centro de problemas y de ruina. Creo que a todos nos interesa.

IGNACIO.—¡A mí no me interesa! Este centro está fundado sobre una mentira.

(DOÑA PEPITA, *con las manos en los hombros de las ciegas, las besa cariñosamente y se va por la derecha de la terraza.* JUANA *y* ELISA *se emparejan.*)

CARLOS.—¿Qué mentira?

IGNACIO.—La de que somos seres normales.

CARLOS.—¡Ahora no discutiremos eso!

IGNACIO.—*(Levantándose.)* ¡No discutiremos nada! No hay acuerdo posible entre tú y yo. Hablaré lo que quiera y no renunciaré a ninguna conquista que se me ponga en mi camino. ¡A ninguna!

CARLOS.—*(Engarfia las manos. Se contiene.)* Está bien. Adiós.

(*Se va rápidamente por la derecha.* IGNACIO *queda solo. Silba melancólicamente unas notas del adagio del «Claro de luna». A poco, apoya las manos en el bastón y reclina la cabeza. Breve pausa.* LOLITA *entra por la terraza. A poco, entra por la derecha* ESPERANZA, *y la faz de cada una se ilumina al sentir los pasos de la otra.*

> *Avanzan hasta encontrarse y, casi a un tiempo,*
> *exclaman:)*

LOLITA.—¡Ignacio!
ESPERANZA.—¡Ignacio!

> *(Éste se inmoviliza y no responde. Ellas ríen con*
> *alguna vergüenza, defraudadas.)*

LOLITA.—Tampoco está aquí.
ESPERANZA.—*(Triste.)* Nos evita.
LOLITA.—¿Tú crees?
ESPERANZA.—Habla con nosotras por condescendencia...,
pero nos desprecia. Sabe que no le entendemos.
LOLITA.—¿No será que haya... alguna mujer?
ESPERANZA.—Lo habríamos notado.
LOLITA.—¡Quién sabe! Es tan hermético... Tal vez haya una
mujer.
ESPERANZA.—Vamos a buscar en el salón.
LOLITA.—Vamos.

> *(Salen por la izquierda, llamándolo. Pausa.*
> JUANA *y* ELISA *discutían algo en la terraza.*
> ELISA *está muy alterada; intenta desprenderse*
> *de* JUANA *para entrar en el fumadero y ésta tra-*
> *ta de retenerla.)*

ELISA.—*(Todavía en la terraza.)* ¡Déjame! Estoy ya harta
de Ignacio.

> *(Se separa y cruza la portalada, mientras* IGNA-
> CIO *levanta la cabeza.)*

JUANA.—*(Tras ella.)* Vamos, tranquilízate. Siéntate aquí.
ELISA.—¡No quiero!
JUANA.—Siéntate...

(*La sienta cariñosamente en el sofá y se aco-
moda a su lado.*)

ELISA.—¡Le odio! ¡Le odio!
JUANA.—Un momento, Elisita. (*Alzando la voz.*) ¿Hay alguien aquí?

(IGNACIO *no contesta.* JUANA *coge una mano de
su amiga.*)

ELISA.—¡Cómo le odio!
JUANA.—No es bueno odiar...
ELISA.—Me ha quitado a Miguelín y nos quitará la paz a
todos. ¡Mi Miguelín!
JUANA.—Volverá. No lo dudes. Él te quiere. ¡Si, en realidad,
no ha pasado nada! Un poco indiferente tal vez, estos días...,
porque Miguelín fue siempre una veleta para las novedades.
Ignacio es para él una distracción pasajera. ¡Y, en fin de cuen-
tas, es un hombre! Si tuvieras que sufrir alguna veleidad de
Miguelín con otra chica... Y aun eso no significaría que hu-
biera dejado de quererte.
ELISA.—¡Preferiría que me engañase con otra chica!
JUANA.—¡Qué dices, mujer!
ELISA.—Sí. Esto es peor. Ese hombre le ha sorbido el seso
y yo no tengo ya lugar en sus pensamientos.
JUANA.—Creo que exageras.
ELISA.—No... Pero oye, ¿no hay nadie aquí?
JUANA.—No.
ELISA.—Me parecía... (*Pausa. Volviendo a su tono de exal-
tación.*) Te lo dije el primer día, Juanita. Ese hombre está car-
gado de maldad. ¡Cómo lo adiviné! ¡Y esa afectación de Cristo
martirizado que emplea para ganar adeptos! Los hombres son
imbéciles. Y Miguelín, el más tonto de todos. ¡Pero yo le
quiero!

(*Llora en silencio.*)

JUANA.—Te oigo Elisa. No llores...

ELISA.—*(Levantándose para pasear su angustia.)* ¡Es que le quiero, Juana!

JUANA.—Lo que Miguelín necesita es un poco de indiferencia por tu parte. No le persigas tanto.

ELISA.—Ya sé que me pongo en ridículo. No lo puedo remediar.

> *(Se para junto a* IGNACIO, *que no respira, y seca sus ojos por última vez para guardar el pañuelo.)*

JUANA.—¡Inténtalo! Así volverá.

ELISA.—¿Cómo voy a intentarlo con ese hombre entre nosotros? Su presencia me anula... ¡Ah! ¡Con qué gusto le abofetearía! ¡Quisiera saber qué se propone!

> *(Engarfia las manos en el aire. Mas de pronto comienza a volverse lentamente hacia* IGNACIO, *sin darse cuenta todavía de que siente su presencia.)*

JUANA.—No se propone nada. Sufre... y nosotros no sabemos curar su sufrimiento. En el fondo es digno de compasión.

> *(Las palabras de* JUANA *hacen volver otra vez la cabeza a* ELISA. *No ha llegado a sospechar nada.)*

ELISA.—*(Avanzando hacia* JUANA.*)* Le compadeces demasiado. Es un egoísta. ¡Que sufra solo y no haga sufrir a los demás!

JUANA.—*(Sonriente.)* Anda, siéntate y no te alteres. *(Se levanta y va hacia ella.)* Acusas a Ignacio de egoísta. ¿Y qué va a hacer, si sufre? También convendría menos egoísmo por nuestra parte. Hay que ser caritativos con las flaquezas ajenas y aliviarlas con nuestra dulzura...

> *(Breve pausa.)*

ELISA.—*(De pronto, exaltada, oprimiendo los brazos de* JUANA.) ¡No, no, Juana! ¡Eso no!

JUANA.—*(Alarmada.)* ¿Qué?

ELISA.—¡Eso, no, querida mía! ¡Eso no!

JUANA.—¡Pero habla! No, ¿el qué?

ELISA.—¡Tu simpatía por Ignacio!

JUANA.—*(Molesta.)* ¿Qué dices?

ELISA.—¡Prométeme ser fuerte! ¡Por amor a Carlos, prométemelo! *(Zarandeándola.)* ¡Prométemelo, Juana!

JUANA.—*(Fría.)* No digas tonterías. Yo quiero a Carlos y no pasará nada. No sé qué piensas que pueda ocurrir.

ELISA.—¡Todo! ¡Todo puede ocurrir! ¡Ese hombre me ha quitado a Miguelín y tú estás en peligro! ¡Prométeme evitarlo! ¡Por Carlos, prométemelo!

JUANA.—*(Muy alterada.)* ¡Elisa, cállate inmediatamente! ¡No te consiento...!

(Se separa de ella con brusquedad. Pausa.)

ELISA.—*(Lenta, separándose.)* ¡Ah! ¡Soy tu mejor amiga y no me consientes! ¡También ha hecho presa en ti! ¡Estás en manos de ese hombre y no te das cuenta!

JUANA.—¡Elisa!

ELISA.—¡Me das lástima! ¡Y me da lástima Carlos, porque va a sufrir como yo sufro!

JUANA.—*(Gritando.)* ¡Elisa! ¡O callas, o...!

(Va hacia ella.)

ELISA.—¡Déjame! ¡Déjame sola con mi pena! Es inútil luchar. ¡Es más fuerte que todos! ¡Nos lo está quitando todo! ¡Todo! ¡Hasta nuestra amistad! ¡No te reconozco!... ¡No te reconozco!...

(Se va, llorando, por el foro. JUANA, *agitada y dolida, vacila en seguirla.* IGNACIO *se levanta.)*

IGNACIO.—Juana. *(Ella ahoga un grito y se vuelve hacia* IGNACIO. *Él llega.)* Estaba aquí y os he oído. ¡Pobre Elisa! No le guardo rencor.

JUANA.—*(Tratando de reprimir su temblor.)* ¿Por qué no avisaste?

IGNACIO.—No me arrepiento. ¡Juana! *(Le coge una mano.)* Me has dado mi primer momento de felicidad. ¡Gracias! ¡Si supieras qué hermoso es sentirse comprendido! ¡Qué bien has adivinado en mí! Tienes razón. Sufro mucho. Y ese sufrimiento me lleva...

JUANA.—Ignacio... ¿Por qué no intentas reprimirte? Yo sé muy bien que no deseas el mal, pero lo estás haciendo.

IGNACIO.—No puedo contenerme. No puedo dejar en la mentira a la gente cuando me pregunta... ¡Me horroriza el engaño en que viven!

JUANA.—¡Guerra nos has traído y no paz!

IGNACIO.—Te lo dije... *(Insinuante.)* En este mismo sitio. Y estoy venciendo... Recuerda que tú lo quisiste.

(Breve pausa.)

JUANA.—¿Y si yo te pidiera ahora, por tu bien, por el mío y el de todos, que te marcharas?

IGNACIO.—*(Lento.)* ¿Lo quieres de verdad?

JUANA.—*(Con voz muy débil.)* Te lo ruego.

IGNACIO.—No. No lo quieres. Tú quieres aliviar mi pena con tu dulzura.. ¡Y vas a dármela! ¡Tú me las darás! ¡Tú, que me has comprendido y defendido! ¡Te quiero, Juana!

JUANA.—¡Calla!

IGNACIO.—Te quiero a ti, y no a ninguna de esas otras. ¡A ti y desde el primer día! Te quiero por tu bondad, por tu encanto, por la ternura de tu voz, por la suavidad de tus manos... *(Transición.)* Te quiero y te necesito. Tú lo sabes.

JUANA.—¡Por favor! ¡No debes hablar así! Olvidas que Carlos...

IGNACIO.—*(Irónico.)* ¿Carlos? Carlos es un tonto que te dejaría por una vidente. Él cree que nuestro mundo y el de ellos es el mismo... Él querría otra doña Pepita. Otra fea doña Pepita que mirase por él... Desearía una mujer completa, y a ti te tiene como un mal menor. *(Transición.)* ¡Pero yo no quiero una mujer, sino una ciega! ¡Una ciega de mi mundo de ciegos, que comprenda!... Tú. Porque tú sólo puedes amar a un ciego verdadero, no a un pobre iluso que se cree normal. ¡Es a mí a quien amas! No te atreves a decírmelo, ni a confesártelo... Serías la excepción. No te atreves a decir «te quiero». Pero yo lo diré por ti. Sí, me quieres; lo estás adivinando ahora mismo. Lo delata la emoción de tu voz. ¡Me quieres con mi angustia y mi tristeza, para sufrir conmigo de cara a la verdad y de espaldas a todas las mentiras que pretenden enmascarar nuestra desgracia! ¡Porque eres fuerte para eso y porque eres buena!

>   *(La abraza apasionadamente.)*

JUANA.—*(Sofocada.)* ¡No!

>   (IGNACIO *le sella la boca con un beso prolon-*
>   *gado.* JUANA *apenas resiste. Por la derecha han*
>   *entrado* DON PABLO *y* CARLOS. *Se detienen, sor-*
>   *prendidos.)*

DON PABLO.—¿Eh?

>   (IGNACIO *se separa bruscamente, sin soltar a*
>   JUANA. *Los dos escuchan, agitadísimos.)*

CARLOS.—Ha sonado un beso...

>   (JUANA *se retuerce las manos.)*

DON PABLO.—*(Jovial.)* ¡Qué falta de formalidad! ¿Quiénes son los tortolitos que se arrullan por aquí? ¡Tendré que amonestarlos! *(Nadie responde. Demudada,* JUANA *vacila en romper a hablar.* IGNACIO *le aprieta con fuerza el brazo.)* ¿No contestáis? (IGNACIO, *con el bastón levantado del suelo, conduce rápidamente a* JUANA *hacia la portalada. Sus pasos no titubean; todo él parece estar poseído de una nueva y triunfante seguridad. Ella levanta y baja la cabeza, llena de congoja. Convulsa y medio arrastrada, casi corriendo, se la ve pasar tras* IGNACIO, *que no la suelta, a través de la cristalera del foro.* DON PABLO, *jocosamente:)* ¡Se han marchado! Les dio vergüenza.

CARLOS.—*(Serio.)* Sí.

TELÓN

ACTO TERCERO

Saloncito en la Residencia. Amplio ventanal al fondo, con la cortina descorrida, tras el que resplandece la noche estrellada[25]. Haciendo chaflán a la derecha, cortina que oculta una puerta. En el chaflán de la izquierda, un espléndido aparato de radio. En lugar apropiado, estantería con juegos diversos y libros para ciegos. Algún cacharro con flores. En el primer término izquierdo, puerta con su cortina. En el primer término y hacia la derecha, velador de ajedrez con las fichas colocadas, y dos sillas. Bajo el ventanal y hacia el centro de la escena, sofá. Cerca de la radio, una mesa con una lámpara portátil apagada. Sillones, veladores. Encendida la luz central.

> (ELISA, *sentada a la derecha del sofá, llora amargamente.* CARLOS *está sentado junto al ajedrez, jugando consigo mismo una partida, con la que intenta distraer su preocupación. Lleva la camisa desabrochada y la corbata floja.*)

ELISA.—¡Somos muy desgraciados, Carlos! ¡Muy desgraciados! ¿Por qué nos enamoraremos? Quisiera saberlo. (*Breve pausa.*) Ahora comprendo que no me quería.

---

[25]   Esta resplandeciente noche estrellada, que nos hace recordar «el inmenso firmamento negro y estrellado que acompañará todo el delirio del suicida» en *La detonación,* es intuitivamente sentida por Ignacio más adelante.

CARLOS.—Te quería y te quiere. Es Ignacio el culpable de todo. Miguelín es muy joven. Sólo tiene diecisiete años y...

ELISA.—¿Verdad? Si yo misma quiero convencerme de que Miguelín volverá... ¡Pero lo dudo, Carlos, lo dudo horriblemente! *(Llora de nuevo. Se calma.)* ¡Qué egoísta soy! También tú sufres, y yo no reparo en hacerte mi paño de lágrimas.

(Se levanta para ir a su lado.)

CARLOS.—Yo no sufro.

ELISA.—Sí sufres, sí... Sufres por Juana. *(Movimiento de* CARLOS.*)* ¡Por esa grandísima coqueta!

CARLOS.—¡Ojalá fuese coquetería!

ELISA.—¿Y dices que no sufres? (CARLOS *oculta la cabeza entre las manos.)* ¡Pobre! Ignacio nos ha destrozado a los dos.

CARLOS.—A mí no me ha destrozado nadie.

ELISA.—No finjas conmigo... Comprendo muy bien tu pena, porque es como la mía. Te destroza el abandono de Juana y te duele aún más, como a mí, la falta de una explicación definitiva... ¡Es espantoso! Parece que nada ha pasado, y los dos sabemos en nuestro corazón que todo se ha perdido.

CARLOS.—*(Con ímpetu.)* ¡No se ha perdido nada! ¡No puede perderse nada! Me niego a sufrir.

ELISA.—¡Me asustas!

CARLOS.—Sí. Me niego a sufrir. ¿Dices que soy desgraciado? ¡Es mentira! ¿Que sufro por Juana? No puedo sufrir por ella porque no ha dejado de quererme. ¿Entiendes? ¡No ha dejado de quererme! Tiene que ser así y es así.

ELISA.—*(Compadecida.)* ¡Pobre!... ¡Qué dolor el tuyo..., y sin lágrimas! ¡Llora, llora como yo! ¡Desahógate!

CARLOS.—*(Tenaz.)* Me niego a llorar. ¡Llora tú si quieres! Pero harás mal. Tampoco tienes motivo. ¡No debes tenerlo! Miguelín te quiere y volverá a ti. Juana no ha dejado de quererme.

ELISA.—Me explico tu falta de valor para reconocer los hechos... Yo también he querido —¡y aún quiero a veces!— engañarme, pero...

CARLOS.—*(En el colmo de la desesperación.)* Pero ¿no comprendes que no podemos dejarnos vencer por Ignacio? ¡Si sufrimos por su culpa, ese sufrimiento será para él una victoria! Y no debemos darle ninguna. ¡Ninguna!

ELISA.—*(Asustada.)* Pero en la intimidad podemos alguna vez compadecernos mutuamente...

CARLOS.—Ni en la intimidad siquiera.

> *(Pausa. Poco a poco, inclina de nuevo la cabeza. JUANA entra por la puerta del chaflán.)*

JUANA.—¿Ignacio? (ELISA *abre la boca.* CARLOS *le aprieta el brazo para que calle.)* Tampoco está aquí. Dónde estará el pobre...

> *(Avanza hacia el lateral izquierdo y desaparece por la puerta.)*

ELISA.—*(Emocionada.)* ¡Carlos!

CARLOS.—Calla.

ELISA.—¡Oh! ¿Qué te pasa? No estás normal... Yo no hubiera podido resistirlo.

CARLOS.—*(Casi sonriente.)* Si no ocurre nada, mujer... Otra... Otra que busca al pobre Ignacio, que le llama por las habitaciones... Nada.

ELISA.—No te entiendo. No sé si estás desesperado o loco.

CARLOS.—Ninguna de las dos cosas. Nunca tuve el juicio más claro que ahora. *(Le da palmaditas en la mano.)* ¡Anímate, Elisa! Todo se arreglará.

> *(Entran por el chaflán IGNACIO y MIGUELÍN, charlando con animación. ELISA se oprime las manos al oírlos.)*

IGNACIO.—No todas las mujeres son iguales, aunque es indudable que las ciegas se llevan muy poco entre ellas..., con alguna excepción. Conocí una vez a una muchacha vidente...

MIGUEL.—*(Interrumpe, impulsivo.)* Son muy simpáticas las chicas videntes. Yo conozco a una que se llama Carmen y que era mi vecina. Yo no le hacía caso, pero ella estaba por mí...

IGNACIO.—¿Sabes si era fea?

MIGUEL.—*(Cortado.)* Pues... no... No llegué a enterarme.

CARLOS.—Buenas noches, amigos. ¿No os sentáis?

MIGUEL.—*(Inmutado.)* ¡Hombre, Carlos, tengo ganas de hablar contigo! No sé cómo me las arreglo que nunca encuentro la manera de charlar contigo. Ni con Elisa.

ELISA.—*(Con esfuerzo.)* Estás a tiempo.

MIGUEL.—*(Con desgana.)* ¡Caramba!, si está Elisa contigo. Y ¿cómo te va, Elisa?

ELISA.—*(Seca.)* Bien, gracias.

MIGUEL.—*(Trivial.)* ¡Vaya! Me alegro.

CARLOS.—*(Articulando con mucha claridad.)* Creo que Juanita andaba por ahí buscándote, Ignacio.

(ELISA *se queda sobrecogida.*)

IGNACIO.—*(Turbado.)* No... No sé...

CARLOS.—Sí. Sí. Te buscaba.

IGNACIO.—*(Repuesto.)* Es posible. Teníamos que hablar de algunas cosas.

MIGUEL.—Oye, Ignacio. Creo que podrías seguir hablando de esa muchacha vidente a quien conociste. Elisa y Carlos no tendrán inconveniente.

CARLOS.—Ninguno.

IGNACIO.—A Carlos y a Elisa no les interesan estos temas. Son muy abstractos.

CARLOS.—Creo que una muchacha de carne y hueso no es nada abstracta.

IGNACIO.—Pero ve. ¿Quieres más abstracción para nosotros?

ELISA.—*(Con violencia.)* Me disculparéis, pero Ignacio tiene razón: no puedo soportar esos temas. Me voy a acostar.

CARLOS.—A tu gusto. Perdona que no te acompañe; quisiera continuar charlando con Ignacio. Miguelín te acompañará.

(MIGUELÍN *acoge con desagrado la indicación.*)

ELISA.—*(Agria.)* Que no se moleste por mí. Miguelín quiere seguramente seguir hablando contigo... y con Ignacio.

MIGUEL.—*(Sin pizca de alegría.)* Qué tonterías dices... Te acompañaré con mucho gusto.

ELISA.—Como quieras. Buenas noches a los dos.

IGNACIO.—Buenas noches.

CARLOS.—Hasta mañana, Elisa.

(ELISA *se va por la izquierda.* MIGUELÍN *la sigue como un perro apaleado.* CARLOS *e* IGNACIO *se acomodan en dos sillones de la izquierda, pero antes de que comiencen a hablar entra por el chaflán* DOÑA PEPITA.)

DOÑA PEPITA.—¡Buenas noches! ¿No se acuestan ustedes?

(CARLOS *e* IGNACIO *se levantan.*)

CARLOS.—Es pronto.

DOÑA PEPITA.—Siéntense, por favor. Y usted, hombre del bastón, ¿no dice nada?

IGNACIO.—Buenas noches.

DOÑA PEPITA.—¡Alégrese, hombre! Le encuentro cada día más mustio. Bueno, prosigan su charla. Yo voy a dar una vuelta por los dormitorios. Hasta ahora.

CARLOS.—Adiós, doña Pepita.

(DOÑA PEPITA *se va por la izquierda. Pausa.*)

IGNACIO.—Supongo que si quieres quedarte conmigo no será para hablar de la muchacha vidente.

CARLOS.—Supones bien.

IGNACIO.—Me has hablado varias veces y siempre del mismo tema. ¿También es hoy del mismo tema?

CARLOS.—También.

IGNACIO.—Paciencia. ¿Podrías decirme si tendremos que hablar muchas veces todavía de lo mismo?

CARLOS.—Creo que serán pocas... Quizá ésta sea la última.

IGNACIO.—Me alegro. Puedes empezar cuando quieras.

CARLOS.—Ignacio... El día en que viniste aquí quisiste marcharte al poco rato. *(Con amargura.)* Lo supe en la época en que Juana aún me hacía confidencias. Tuviste entonces una buena idea, y creo que es el momento de ponerla en práctica. ¡Márchate!

IGNACIO.—Parece una orden...

CARLOS.—Cuya conveniencia estoy dispuesto a explicarte.

IGNACIO.—Te envía don Pablo, ¿verdad?

CARLOS.—No. Pero debes irte.

IGNACIO.—¿Por qué?

CARLOS.—Debes irte porque tu influencia está pesando demasiado sobre esta casa. Y tu influencia es destructora. Si no te vas, esta casa se hundirá. ¡Pero antes de que eso ocurra tú te habrás ido!

IGNACIO.—Palabrería. No pienso marcharme, naturalmente. Ya sé que algunos lo deseáis. Empezando por don Pablo. Pero él no se atreve a decirme nada, porque no hay motivo para ello. ¿De verdad no me hablas... en su nombre?

CARLOS.—Es el interés del centro el que me mueve a hablarte.

IGNACIO.—Más palabrería. ¡Qué aficionado eres a los tópicos! Pues escúchame. Estoy seguro de que la mayoría de los compañeros desea mi permanencia. Por lo tanto, no me voy.

CARLOS.—¡Qué te importan a ti los compañeros!

(Breve pausa.)

IGNACIO.—El mayor obstáculo que hay entre tú y yo está en que no me comprendes. *(Ardientemente.)* ¡Los compañeros, y tú con ellos, me interesáis más de lo que crees! Me duele como una mutilación propia vuestra ceguera; ¡me duele, a mí, por todos vosotros! *(Con arrebato.)* ¡Escucha! ¿No te has dado cuenta al pasar por la terraza de que la noche estaba seca y fría? ¿No sabes lo que eso significa? No lo sabes, claro. Pues eso quiere decir que ahora están brillando las estrellas con todo su esplendor, y que los videntes gozan de la maravilla de su presencia. Esos mundos lejanísimos están ahí *(Se ha acercado al ventanal y toca los cristales.),* tras los cristales, al alcance de nuestra vista..., ¡si la tuviéramos! *(Breve pausa.)* A ti eso no te importa, desdichado. Pues yo las añoro, quisiera contemplarlas; siento gravitar su dulce luz sobre mi rostro, ¡y me parece que casi las veo! *(Vuelto extáticamente hacia el ventanal.* CARLOS *se vuelve un poco, sugestionado a su pesar.)* Bien sé que si gozara de la vista moriría de pesar por no poder alcanzarlas. ¡Pero al menos las vería! Y ninguno de nosotros las ve, Carlos. ¿Y crees malas estas preocupaciones? Tú sabes que no pueden serlo. ¡Es imposible que tú —por poco que sea— no las sientas también!

CARLOS.—*(Tenaz.)* ¡No! Yo no las siento.

IGNACIO.—No las sientes, ¿eh? Y ésa es tu desgracia: no sentir la esperanza que yo os he traído.

CARLOS.—¿Qué esperanza?

IGNACIO.—La esperanza de la luz.

CARLOS.—¿De la luz?

IGNACIO.—¡De la luz, sí! Porque nos dicen incurables; pero ¿qué sabemos nosotros de eso? Nadie sabe lo que el mundo puede reservarnos; desde el descubrimiento científico... hasta el milagro.

CARLOS.—*(Despectivo.)* ¡Ah, bah!

IGNACIO.—Ya, ya sé que tú lo rechazas. ¡Rechazas la fe que te traigo!

CARLOS.—¡Basta! Luz, visión... Palabras vacías. ¡Nosotros estamos ciegos! ¿Entiendes?

IGNACIO.—Menos mal que lo reconoces... Creí que sólo éramos... invidentes.

CARLOS.—¡Ciegos, sí! Sea.

IGNACIO.—¿Ciegos de qué?

CARLOS.—*(Vacilante.)* ¿De qué?...

IGNACIO.—¡De la luz! De algo que anhelas comprender... aunque lo niegues. *(Transición.)* Escucha: yo sé muchas cosas. Yo sé que los videntes tratan a veces de imaginarse nuestra desgracia, y para ello cierran los ojos. *(La luz del escenario empieza a bajar.)* Entonces se estremecen de horror. Alguno de ellos enloqueció, creyéndose ciego..., porque no abrieron al tiempo la ventana de su cuarto. *(El escenario está oscuro. Sólo las estrellas brillan en la ventana.)* ¡Pues en ese horror y en esa locura estamos sumidos nosotros!... ¡Sin saber lo que es! *(Las estrellas comienzan a apagarse.)* Y por eso es para mí doblemente espantoso. *(Oscuridad absoluta en el escenario y en el teatro.)* Nuestras voces se cruzan... en la tiniebla.

CARLOS.—*(Con ligera aprensión en la voz.)* ¡Ignacio!

IGNACIO.—Sí. Es una palabra terrible por lo misteriosa. Empiezas..., empiezas a comprender. *(Breve pausa.)* Yo he sentido cómo los videntes se alegran cuando vuelve la luz por la mañana. *(Las estrellas comienzan a lucir de nuevo, al tiempo que empieza a iluminarse otra vez el escenario.)* Van identificando los objetos, gozándose en sus formas y sus... colores. ¡Se saturan de la alegría de la luz, que es para ellos como un verdadero don de Dios![26] Un don tan grande, que se ingeniaron para producirlo de noche. Pero para nosotros todo es igual. La luz puede volver; puede ir sacando de la oscuridad las formas y los colores; puede dar a las cosas su plenitud de existencia. *(La luz del escenario y de las estrellas ha vuelto del todo.)* ¡Incluso a las lejanas estrellas! ¡Es igual! Nada vemos.

---

[26] En *Las Meninas* dice Velázquez a Pedro: «He llegado a sospechar que la forma misma de Dios, si alguna tiene, sería la luz... Ella me cura de todas las insanias del mundo. De pronto, veo... y me invade la paz». Como Buero apuntó en «¿*Las Meninas* es una obra necesaria?» *(La Carreta,* núm. 2, enero de 1962, pág. 5), Velázquez se interroga ante el misterio de la luz como Ignacio lo hace con el de la ceguera en *En la ardiente oscuridad.*

CARLOS.—*(Sacudiendo con brusquedad la involuntaria in-fluencia sufrida a causa de las palabras de* IGNACIO.*)* ¡Cá-llate! Te comprendo, sí, te comprendo; pero no te puedo dis-culpar. *(Con el acento del que percibe una revelación súbita.)* Eres... ¡un mesiánico desequilibrado! Yo te explicaré lo que te pasa: tienes el instinto de la muerte. Dices que quieres ver... ¡Lo que quieres es morir!

IGNACIO.—Quizá... Quizá. Puede que la muerte sea la única forma de conseguir la definitiva visión... [27].

CARLOS.—O la oscuridad definitiva. Pero es igual. Morir es lo que buscas, y no lo sabes. Morir y hacer morir a los de-más. Por eso debes marcharte. ¡Yo defiendo la vida! ¡La vida de todos nosotros, que tú amenazas! Porque quiero vivirla a fondo, cumplirla; aunque no sea pacífica ni feliz. Aunque sea dura y amarga. ¡Pero la vida sabe a algo, nos pide algo, nos re-clama! *(Pausa breve.)* Todos luchábamos por la vida aquí... hasta que tú viniste. ¡Márchate!

IGNACIO.—Buen abogado de la vida eres. No me sorprende. La vida te rebosa. Hablas así y quieres que me vaya por una razón bien vital: ¡Juana!

> *(Por la izquierda aparece* DOÑA PEPITA, *que los observa.)*

CARLOS.—*(Levanta los puños amenazantes.)* ¡Ignacio!

DOÑA PEPITA.—*(Rápida.)* ¿Todavía aquí? Se ve que la charla es interesante. (CARLOS *baja los brazos.)* Parece como si estuviera usted representando, querido Carlos.

CARLOS.—*(Reportándose.)* Casi, casi, doña Pepita.

DOÑA PEPITA.—*(Cruzando.)* Váyanse a acostar y será me-

---

[27] Ricardo Doménech *(El teatro de Buero Vallejo,* Madrid, Gredos, 1973, págs. 59-60) piensa que «esta desesperación de Ignacio hunde sus raíces en las vetas más profundas de la cultura española» y menciona a fray Luis de León *(Oda a Felipe Ruiz),* la locura de Don Quijote y el sentimiento trágico de la vida unamuniano.

jor. Don Pablo y yo vendremos ahora a trabajar un rato. Buenas noches.

CARLOS e IGNACIO.—Buenas noches.

(DOÑA PEPITA *se vuelve y los mira con gesto dubitativo desde el chaflán. Después se va.*)

CARLOS.—*(Sereno.)* Has pronunciado el nombre de Juana. Juana no tiene ninguna relación con esto. Prescindamos de ella.

IGNACIO.—¡Cómo! ¡Me la citas dos veces y dices ahora que es asunto aparte! No te creía tan hipócrita. Juana es la razón de tu furia, amigo mío...

CARLOS.—No estoy furioso.

IGNACIO.—Pues de tu disgusto. El recuerdo de Juana es el culpable de ese hermoso canto a la vida que me has brindado.

CARLOS.—¡Te repito que dejemos a Juana! Antes de que... la envenenaras, ya te había hablado yo por primera vez.

IGNACIO.—Mientes. Ya entonces no era totalmente tuya, y tú lo presentías. Pues bien: ¡quiero a Juana! Es cierto. Tampoco yo estoy desprovisto de razones vitales. ¡Y por ella no me voy! Como por ella quieres tú que me marche. *(Pausa breve.)* Te daré una alegría momentánea: Juana no es aún totalmente mía.

CARLOS.—*(Tranquilo.)* En el fondo de todos los tipos como tú hay siempre lo mismo: baja y cochina lascivia. Ésa es la razón de tu misticismo. No volveré a hablarte de esto. Te marcharás de aquí sea como sea.

IGNACIO.—*(Riendo.)* Carlitos, no podrás hacer nada contra mí. No me iré de ningún modo. Y aunque algunas veces pensé en el suicidio, ahora ya no pienso hacerlo.

CARLOS.—Esperas, sin duda, a que te dé el ejemplo alguno de los muchachos que has sabido conducir al desaliento.

IGNACIO.—*(Cansado.)* No discutamos más. Y dispensa mis ironías. No me agradan, pero tú me provocas demasiado. Lo siento. Y ahora, sí me marcho, pero va a ser al campo de deportes. La noche está muy agradable y quiero cansarme un poco para dormir. *(Serio.)* Las maravillosas estrellas verterán su luz para mí, aunque no las vea. *(Se dirige al chaflán.)* ¿No quieres acompañarme?

CARLOS.—No.

IGNACIO.—Adiós.

CARLOS.—Adiós. (IGNACIO *sale.* CARLOS *se deja caer en una de las sillas del ajedrez y tantea abstraído las piezas. Habla solo, con rabia contenida.)* ¡No, no quiero acompañarte! Nunca te acompañaré a tu infierno. ¡Que lo hagan otros!

> *(Momentos después entran por el chaflán* DON PABLO *y* DOÑA PEPITA. *Ésta trae su cartera de cuero.)*

DOÑA PEPITA.—¿Aún aquí?

CARLOS.—*(Levantando la cabeza.)* Sí, doña Pepita. No tengo sueño.

DON PABLO.—*(Que ha sido conducido por* DOÑA PEPITA *al sofá.)* Buenas noches, Carlos.

CARLOS.—Buenas noches, don Pablo.

DOÑA PEPITA.—*(Curiosa.)* ¿Se fue ya Ignacio a acostar?

CARLOS.—Sí... Creo que sí.

DON PABLO.—*(Grave.)* Me alegro de encontrarle aquí, Carlos. Quería precisamente hablar con usted de Ignacio. ¿Quieres darme un cigarrillo, Pepita? (DOÑA PEPITA *saca de su cartera un paquete de tabaco y extrae un cigarrillo.)* Sí, Carlos. Creo que esto no es ya una puerilidad. *(A* DOÑA PEPITA, *que le pone el cigarrillo en la boca y se lo enciende.)* Gracias. (DOÑA PEPITA *se sienta a la mesa, saca papeles de la cartera y comienza a anotarlos con la estilográfica.)* La situación a que ha llegado el centro es grave. ¿Usted cree posible que un solo hombre pueda desmoralizar a cien compañeros? Yo no me lo explico.

DOÑA PEPITA.—Hay un detalle que aún no sabes... Muchos estudiantes han empezado a descuidar su indumentaria.

DON PABLO.—¿Sí?

DOÑA PEPITA.—No envían sus trajes a planchar... o prescinden de la corbata, como Ignacio.

> (*Pausa breve.* CARLOS *palpa involuntariamente la suya.*)

DON PABLO.—Supongo que no dejará de hablar en todo el día. Y aun así, tiene que faltarle tiempo. ¿Usted qué opina, Carlos? (*Pausa.*) ¿Eh?

(DOÑA PEPITA *mira a* CARLOS.)

CARLOS.—Perdone. ¿Decía...?

DON PABLO.—Que cómo es posible que Ignacio se baste y se sobre para desalentar a tantos invidentes remotos. ¿Qué saben ellos de la luz?

CARLOS.—(*Grave.*) Acaso porque la ignoran les preocupe.

DON PABLO.—(*Sonriente.*) Eso es muy sutil, hijo mío [28].

> (*Se levanta.*)

CARLOS.—Pero es real. Mis desgraciados compañeros sufren la fascinación de todo lo misterioso. ¡Es una pena! Por lo demás, Ignacio no está solo. Él ha lanzado una semilla que ha dado retoños y ahora tiene muchos auxiliares inconscientes. (*Breve pausa. Triste.*) Y los primeros, las muchachas.

DOÑA PEPITA.—(*Suave.*) Yo creo que esos retoños carecen de importancia. Si Ignacio, por ejemplo, se marchase, se les iría con él la fuerza moral para continuar su labor negativa.

DON PABLO.—Si Ignacio se marchase, todo se arreglaría. Podríamos echarlo, pero... eso sería terrible para el prestigio

---

[28] La «sutil» apreciación de Carlos podía muy bien haberlo sido de Ignacio. La influencia de éste se deja notar cada vez más intensamente en aquél.

del centro. ¿No podría usted, por lo pronto, insinuarle a título particular —¡y con mucha suavidad, desde luego!— la conveniencia de su marcha? *(Pausa.)* ¡Carlos!

CARLOS.—Perdón. Estaba distraído. No le he entendido bien...

DOÑA PEPITA.—Está usted muy raro esta noche. Don Pablo le decía que si no podría usted sugerirle a Ignacio que se marchase.

DON PABLO.—Salvo que tenga alguna idea mejor...

(Breve pausa.)

CARLOS.—He hablado ya con él.

DON PABLO.—¿Sí? ¿Y qué?

CARLOS.—Nada. Dice que no se irá.

DON PABLO.—Le hablaría cordialmente, con todo el tacto necesario...

CARLOS.—Del modo más adecuado. No se preocupe por eso.

DON PABLO.—¿Y por qué no quiere irse?

(Pausa. DOÑA PEPITA *mira curiosamente a* CARLOS.*)*

CARLOS.—No lo sé.

DON PABLO.—¡Pues de un modo u otro tendrá que irse!

CARLOS.—Sí. Tiene que irse.

DON PABLO.—*(Con aire preocupado.)* Tiene que irse. Es el enemigo más desconcertante que ha tenido nuestra obra hasta ahora. No podemos con él, no... Es refractario a todo. *(Impulsivo.)* Carlos, piense usted en algún remedio. Confío mucho en su talento [29].

---

[29] Estas palabras de don Pablo están cargadas de trágica ironía, pero también de ambigüedad respecto a la intención del director al pronunciarlas.

DOÑA PEPITA.—Bueno. Ya lo estudiaremos despacio. Creo que deberían irse a descansar: es muy tarde.

DON PABLO.—Será lo mejor. Pero esta noche tampoco dormiré. ¿Vienes, Pepita?

DOÑA PEPITA.—Aún no. Voy a terminar estas notas.

DON PABLO.—Buenas noches entonces. No olvide nuestro asunto, Carlos.

(CARLOS *no contesta.*)

DOÑA PEPITA.—Adiós. Que descanses. (DON PABLO *se va por la izquierda.* DOÑA PEPITA *se levanta y se acerca a* CARLOS. *Afectuosa, como siempre que se dirige a él.*) ¿Usted no se acuesta hoy?

CARLOS.—*(Sobresaltado.)* ¿Eh?

DOÑA PEPITA.—Pero ¿qué le ocurre, hombre?

CARLOS.—*(Tratando de sonreír.)* Nada.

DOÑA PEPITA.—Váyase a la cama. Le hace falta.

CARLOS.—Sí. Me duele la cabeza. Pero no tengo sueño.

DOÑA PEPITA.—Como quiera, hijo. *(Enciende el portátil. Después va al chaflán y apaga la luz central. Vuelve a sentarse y empieza a murmurar repasando sus notas. Escribe. De pronto para la pluma y mira a* CARLOS, *que se está levantando.)* ¿Le dijo a Ignacio que se marchara cuando los vi antes aquí?* (CARLOS *no contesta. Su expresión es extrañamente rígida. Lentamente, avanza hacia el chaflán.* DOÑA PEPITA, *sorprendida:)* ¿Se va usted?

CARLOS.—*(Reportándose.)* Voy a tomar un poco el aire para despejarme. Que usted descanse. Buenas noches.

(Sale por el chaflán.)

DOÑA PEPITA.—Buenas noches. Yo me voy ahora también. *(Le ve salir, con gesto conmiserativo. Después prosigue su trabajo. A poco se despereza. Mira el reloj de pulsera.)* Las doce. *(Se levanta y enciende la radio. Manipula. Comienza a oírse*

suavemente un fragmento de «La muerte de Ase» del Peer
Gynt, *de Grieg* [30]. DOÑA PEPITA *escucha unos momentos. Dirige una mirada de desgana a las cuartillas. Lentamente llega
al ventanal y contempla la noche, con la frente en los cristales. De repente se estremece. Algo que ve la intriga.)* ¿Eh? *(Sigue mirando, haciéndose pantalla con las manos. Con tono de
extraordinaria sorpresa:)* ¿Qué hacen?

> *(Crispa las manos sobre el alféizar. Súbitamente
> retrocede como si le hubiesen dado un golpe en
> el pecho, mientras lanza un grito ahogado. Con
> la faz contraída por el horror, se vuelve. Se lleva
> las manos a la boca. Jadea. Al fin corre rápida al
> chaflán y sale. Por unos momentos se oye la me-
> lodía en la escena sola. Después, gritos lejanos,
> llamadas. Pausa. Por la puerta de la izquierda
> entran rápidamente* MIGUELÍN *y* ANDRÉS.)

ANDRÉS.—¿Qué pasa?
MIGUEL.—*(Sin dejar de andar.)* No sé. Del campo piden
socorro y dicen que vayamos tres o cuatro. Avisa en el dormi-
torio de la derecha.

> *(Salen por el chaflán. Pausa.* ESPERANZA *apa-
> rece por la izquierda, temblorosa, tanteando el
> aire. Poco después entra por el chaflán* LOLITA,
> *también muy afectada. Ambas, en bata y pi-
> jama.)*

ESPERANZA.—¿Quién..., quién es?
LOLITA.—*(Acercándose.)* ¡Esperanza!

---

[30]   Beth W. Noble («Sound in the plays of Buero Vallejo», en *Hispania*,
XLI [1958], pág. 56) destaca el valor de esta melodía para expresar con intensidad el acusado patetismo de la situación y advierte un sutil e irónico pa-
ralelo entre Peer y Carlos.

(Se abrazan, en un rapto de miedo.)

ESPERANZA.—¿Has oído?
LOLITA.—Sí.
ESPERANZA.—¿Qué ocurre?
LOLITA.—¡No lo sé...!

(Se separa para escuchar.)

ESPERANZA.—¡No me dejes! Tengo miedo.
LOLITA.—*(Abrazándose a ella de nuevo.)* No se oye nada...
Es horrible.
ESPERANZA.—*(Cayendo de rodillas.)* ¡Dios mío, piedad!
LOLITA.—¡No me asustes! ¡Levanta!

(La ayuda a hacerlo.)

ESPERANZA.—Tengo la sensación de algo irreparable...
LOLITA.—¡Calla!
ESPERANZA.—Como si hubiésemos estado cometiendo un
gran error. Me siento vacía... Y sola...
LOLITA.—¡Oigo pasos! *(Se enfrenta con el chaflán.)* ¡Vá-
monos!
ESPERANZA.—*(Reteniéndola por una mano.)* ¡No me dejes,
Lolita! Estoy llena de pena... Duerme esta noche conmigo.
LOLITA.—¡Se acercan!
ESPERANZA.—¡Ven a mi alcoba! Es terrible esta soledad.
LOLITA.—Vamos, sí... Tengo frío...

> *(Se apresuran a salir por la izquierda, muy in-
> quietas. Pausa. Se oyen murmullos después y en-
> tran por el chaflán* DOÑA PEPITA, *que enciende
> en seguida la luz central, y tras ella* ALBERTO *y*
> ANDRÉS, *que traen el cadáver de* IGNACIO, *cuya
> cabeza cuelga y se bambolea. Tras ellos,* MIGUE-
> LÍN, PEDRO *y* CARLOS. *Vienen agitados, pálidos
> de emoción.)*

DOÑA PEPITA.—Colóquenlo aquí, en el sofá. ¡Aprisa! Miguelín, apague esa radio, por favor. (MIGUELÍN *lo hace y queda junto al aparato.* DOÑA PEPITA *toca el brazo de* ANDRÉS.*)* Andrés, avise en seguida a don Pablo, se lo ruego.

ANDRÉS.—Ahora mismo.

(Se va por la izquierda.)

DOÑA PEPITA.—*(Arrodillada, coge la muñeca de* IGNACIO *y le pone el oído junto al corazón.)* ¡Está muerto!

(Con los ojos desorbitados, mira a CARLOS, *que permanece impasible. Entra precipitadamente por la izquierda* DON PABLO. *Viene a medio vestir y sin gafas. Detrás de él entra de nuevo* ANDRÉS.*)*

DON PABLO.—¿Qué pasa? ¿Qué le ha ocurrido a Ignacio? ¿Estás aquí, Pepita?

DOÑA PEPITA.—Ignacio se ha matado. Está aquí, sobre el sofá.

DON PABLO.—¿Se ha matado?... ¡No comprendo! *(Avanza hacia el sofá. Se inclina. Palpa.)* ¿Cómo ha ocurrido? ¿Dónde?

DOÑA PEPITA.—En el campo de deportes. Yo realmente no sé... Llegué después.

DON PABLO.—¿No sabe nadie cómo ha sido? ¿Quién lo encontró primero?

CARLOS.—Yo.

(DOÑA PEPITA no le pierde de vista.)

DON PABLO.—¡Ah! Cuéntenos, cuéntenos, Carlos.

CARLOS.—Poco puedo decir. Había salido para tomar el aire porque me dolía la cabeza. Me pareció oír ruidos hacia el tobogán... Me fui acercando. Al tiempo de llegar sentí un golpe sordo, muy fuerte. Y el movimiento del aire. Comprendí en seguida que debía tratarse de alguna desgracia. Llegué y palpé. Me pareció que era Ignacio. Se había caído desde la torreta y a su lado había una de las esterillas que se usan para el descenso. Entonces pedí socorro. Doña Pepita llegó en seguida y gritamos más... Después lo hemos traído aquí.

> *(Entretanto,* DOÑA PEPITA *ha cubierto al muerto con el tapete de una de las mesitas.)*

DON PABLO.—¿Cómo es posible? ¡Ahora lo entiendo menos! No comprendo qué tenía que hacer Ignacio subido a estas horas en la torreta del tobogán...

ANDRÉS.—Acaso se trate de un suicidio, don Pablo.

ALBERTO.—¿Y para qué quería la esterilla, entonces? Ignacio se ha matado cuando intentaba deslizarse por el tobogán. Eso está muy claro. Ya sabemos que era muy torpe para todo.

DON PABLO.—Pero él no era hombre para esas cosas... ¿Qué le importaba el juego del tobogán? Por su misma torpeza no quiso nunca entrenarse con ustedes en ningún deporte.

MIGUEL.—Permita, don Pablo, que el alumno más joven dé quizá con la razón que ustedes no encuentran. *(Expectación.)* Yo conocía muy bien a Ignacio. *(Dolorosamente.)* Precisamente porque le torturaban tanto sus miserias, acaso tratase de superarlas en secreto, simulando indiferencia por los juegos frente a nosotros. Creo que esta noche y muchas otras, seguramente, en que tardaba en llegar a nuestro cuarto, trataba de adquirir destreza sin necesidad de pasar por el ridículo. Ya saben que era muy susceptible...

DON PABLO.—*(«A moro muerto, gran lanzada».)* En vez de aprender cuando se le indicaba, nos busca ahora esta complicación por su mala cabeza. Espero que esto sirva de lección a todos... *(Breve pausa, durante la que los estudiantes desvían la cabeza, avergonzados.)* Sí. Seguramente eso es lo que pasó. ¿No te parece, Pepita?

DOÑA PEPITA.—*(Sin dejar de mirar a* CARLOS.) Es muy posible.

DON PABLO.—¿Qué opina usted, Carlos?

CARLOS.—Me parece que Miguelín ha dado en el clavo.

DON PABLO.—Menos mal. La hipótesis del suicidio era muy desagradable. No hubiera compaginado bien con la moral de nuestro centro.

DOÑA PEPITA.—¿Quieres que vaya a telefonear?

DON PABLO.—Es más indicado que vaya yo. Al padre también tendré que avisarle... ¡Pobre hombre! Recuerdo que me habló con miedo de los accidentes... ¡Pero un accidente puede ocurrirle a cualquiera, y nosotros podemos demostrar que el tobogán y los otros juegos responden a una adecuada pedagogía! ¿Verdad, Pepita?

DOÑA PEPITA.—Sí, anda. No te preocupes por eso. Yo me quedaré aquí.

DON PABLO.—El muy... ¡torpe! trataba de... ¡Claro!

(*Se va por el chaflán. Entra por la izquierda, aún vestida,* ELISA. *Se detiene cerca de la puerta.*)

ELISA.—¿Qué ha pasado? Dicen por ahí que Ignacio...

MIGUEL.—Ignacio se ha matado. Aquí está su cadáver.

ELISA.—*(Con sorpresa y sin emoción.)* ¡Oh!

(*Instintivamente se acerca a* MIGUELÍN *hasta tocarlo. Desliza sus manos por la cintura de él, en un expresivo gesto de reapropiación.* MIGUELÍN *le rodea fuertemente el talle. Poco a poco,* ELISA *reclina la cabeza sobre el hombro de* MIGUELÍN.)

DOÑA PEPITA.—Creo que deben marcharse todos de aquí. Muchas gracias por su ayuda y procuren no comentar demasiado con los compañeros. Buenas noches. *(Despide con palmaditas en el hombro a* PEDRO *y a* ALBERTO *por el chaflán.)* Recomienden que no venga nadie a esta habitación.

(ANDRÉS *se va también por la izquierda. Tras él,*
MIGUELÍN *y* ELISA, *enlazados. Él va serio y tran-*
quilo. Ella no puede evitar una sonrisa feliz.)

ELISA.—Casi es mejor para él... No estaba hecho para la
vida. ¿No te parece, Miguelín?
MIGUEL.—*(Cariñoso.)* Sí. Ha sido lo mejor que le podía
ocurrir. Es muy torpe para todo.

> (*Se oyen por la izquierda las llamadas de*
> JUANA, *que aparece en seguida, con bata, cru-*
> *zando ante ellos.* MIGUELÍN, *contristado, intenta*
> *detenerla, mas* ELISA *lo retiene de nuevo, suave,*
> *y lo conduce a la puerta, por donde salen.*)

JUANA.—¡Carlos! ¡Carlos! ¿Estás aquí?
CARLOS.—Aquí estoy, Juana.

> (*Ella le encuentra en el primer término y se*
> *arroja en sus brazos sollozando.*)

JUANA.—¡Carlos! (CARLOS *la acoge con una desencantada*
sonrisa. DOÑA PEPITA *los mira dolorosamente.*) ¡Pobre Ig-
nacio!
CARLOS.—Ya descansa.
JUANA.—Sí. Ahora es más feliz. *(Llora.)* ¡Perdóname! Sé
que te he hecho sufrir...
CARLOS.—No tengo nada que perdonarte, querida mía.
JUANA.—¡Sí, sí! Tengo que confesarte muchas cosas... Me
pesan horriblemente... Pero mi intención era buena, ¡te lo juro!
¡Yo nunca he dejado de quererte, Carlos!
CARLOS.—Lo sé, Juana, lo sé.
JUANA.—¿Me perdonarás? ¡Te lo confesaré todo! ¡Todo!
CARLOS.—No es preciso, ya que nada grave puede ser. Te
lo perdono todo sin saberlo.
JUANA.—¡Carlos! *(Le besa impulsivamente.)*

DOÑA PEPITA.—*(Sombría.)* Será mejor que vuelva a su cuarto, señorita.

CARLOS.—Tiene usted razón. Vamos, Juanita. Debemos marcharnos.

> *(Enlazados; él, melancólico, y ella, vibrando, se dirigen a la izquierda.)*

DOÑA PEPITA.—*(Con trabajo.)* Usted quédese, Carlos. Quiero hablarle.

CARLOS.—*(Inclina la cabeza.)* Está bien. Adiós, Juana.

JUANA.—Hasta mañana, Carlos. ¡Y gracias!

> *(Separan lentamente sus manos.* JUANA *se va.* CARLOS *queda en pie, aguardando.* DOÑA PEPITA *lo mira angustiada. Una larga pausa.)*

DOÑA PEPITA.—Ha sido lamentable, ¿verdad?

CARLOS.—Sí.

> *(Pausa.)*

DOÑA PEPITA.—*(Se acerca, mirándole fijamente.)* Sería inútil negar que el centro se ha librado de su mayor pesadilla... Que todos vamos a descansar y a revivir... La solución que antes reclamaba don Pablo... se ha dado ya. *(Con acento de reproche.)* ¡Pero nadie esperaba... tanto!

CARLOS.—*(Terminante.)* Sea como sea, el peligro se cortó a tiempo.

DOÑA PEPITA.—*(Amarga.)* ¿Usted cree?

CARLOS.—*(Despectivo.)* ¿No se dio cuenta? Muerto Ignacio, sus mejores amigos le abandonan; murmuran sobre su cadáver. ¡Ah, los ciegos, los ciegos! ¡Se creen con derecho a compadecerle; ellos, que son pequeños y vulgares! Miguelín y Elisa se reconcilian. Los demás respiran como si les hubiesen librado de un gran peso. ¡Vuelve la alegría a la casa! ¡Todo se arregla!

DOÑA PEPITA.—Me apena oírle...

CARLOS.—*(Violento.)* ¿Por qué?

(Breve pausa.)

DOÑA PEPITA.—*(En un arranque.)* ¡Qué ha hecho usted!

CARLOS.—*(Irguiéndose.)* No comprendo qué quiere decir.

DOÑA PEPITA.—A veces, Carlos, creemos hacer un bien y cometemos un grave error...

CARLOS.—No sé a qué se refiere.

DOÑA PEPITA.—Tampoco acertamos a comprender, a veces, que no se nos habla para inquietarnos, sino para consolarnos... Se nos acercan personas que nos quieren y sufren al vernos sufrir, y no queremos entenderlo... Las rechazamos cuando más desesperadamente necesitamos descansar en un pecho amigo...

CARLOS.—*(Frío.)* Muchas gracias por su afecto..., que es innecesario ahora.

DOÑA PEPITA.—*(Cogiéndole las manos.)* ¡Hijo!

CARLOS.—*(Desasiéndose.)* No soy tonto, doña Pepita. Comprendo de sobra lo que insinúa. Ignacio y yo, a la misma hora, en el campo de deportes... Esa suposición es falsa.

DOÑA PEPITA.—¡Claro que sí! ¡Falsa! No he dicho yo otra cosa. *(Lenta.)* Ni pienso decir otra cosa.

CARLOS.—No puedo agradecérselo. Nada hice.

DOÑA PEPITA.—*(Con una fugaz mirada al muerto.)* Y el pobre Ignacio ya nada podrá decir. Pero cálmese, Carlos... Suponiendo que fuese cierto... *(Movimiento de él.)* ¡Ya, ya sé que no lo es! Pero en el caso de que lo fuese, nada podría arreglarse ya hablando..., y el centro está por encima de todo.

CARLOS.—Opino lo mismo.

DOÑA PEPITA.—Y todos nuestros actos deben tender a beneficiarle, ¿no es así?

CARLOS.—*(Irónico.)* Así es. Sé lo que piensa; no se canse.

DOÑA PEPITA.—O a beneficiarnos personalmente.

CARLOS.—¿Qué?

DOÑA PEPITA.—El centro puede tener enemigos..., y las personas, rivales de amor. *(Pausa.* CARLOS *se vuelve y avanza cansadamente hacia la derecha. Tropieza en una silla del juego de ajedrez y se deja caer en ella.)* ¿No quiere confiarse a mí?

CARLOS.—*(Tenaz.)* ¡Le repito que es falso lo que piensa!

DOÑA PEPITA.—*(Que se acerca por detrás y apoya sus manos en los hombros de él.)* Bien... Me he engañado. No ha habido ningún crimen; ni siquiera un crimen pasional. Usted no quiere provocar la piedad de nadie. ¿Ni de Juana?

CARLOS.—*(Feroz.)* Juana deberá aprender a evitar ese peligroso sentimiento.

(Pausa. Su mano juguetea con las piezas del tablero.)

DOÑA PEPITA.—Carlos...

CARLOS.—Qué.

DOÑA PEPITA.—Le haría tanto bien abandonarse...

CARLOS.—*(Levantándose de golpe.)* ¡Basta! ¡No se obstine en conseguir una confesión imposible! ¿Qué pretende? ¿Acreditar su sagacidad? ¿Representar conmigo el papel de madre a falta de hijos propios?

DOÑA PEPITA.—*(Lívida.)* Es usted cruel... No lo seré yo tanto. Porque hace media hora yo trabajaba aquí, y pudo ocurrírseme levantarme para mirar por el ventanal. No lo hice. Acaso, de hacerlo, habría visto a alguien que subía las escaleras del tobogán cargado con el cuerpo de Ignacio... ¡Ignacio desvanecido, o quizá ya muerto! *(Pausa.)* Luego, desde arriba, se precipita el cuerpo..., sin tener la precaución de pensar en los ojos de los demás. Siempre olvidamos la vista ajena. Sólo Ignacio pensaba en ella. *(Pausa.)* Pero yo no vi nada, porque no me levanté.

(Aguarda, espiando su rostro.)

CARLOS.—¡No, no vio nada! Y aunque se hubiese levantado y hubiese creído ver... *(Con infinito desprecio.)* ¿Qué es la vista? ¡No existe aquí la vista! ¿Cómo se atreve a invocar el testimonio de sus ojos? ¡Sus ojos! ¡Bah!

DOÑA PEPITA.—*(Llorosa.)* Hijo mío, no es bueno ser tan duro.

CARLOS.—¡Déjeme! ¡Y no intente vencerme con sus repugnantes argucias femeninas!

DOÑA PEPITA.—Olvida que soy casi una vieja...

CARLOS.—¡Usted es quien parece haberlo olvidado!

DOÑA PEPITA.—¿Qué dice? *(Llorando.)* ¡Loco, está usted loco!...

CARLOS.—*(Desesperado.)* ¡Sí! ¡Márchese!

(Pausa.)

DOÑA PEPITA.—*(Turbada.)* Sí, me voy... Parece que don Pablo tarda demasiado... *(Inicia la marcha y se detiene.)* Y usted no quiere amistad, ni paz... No quiere paz ahora. Porque cree haber vencido, y eso le basta. Pero usted no ha vencido, Carlos; acuérdese de lo que le digo... Usted no ha vencido [31].

> *(Engloba en una triste mirada al asesino y a su víctima* [32], *y sale por el chaflán.* CARLOS *se derrumba sobre la silla. Su cabeza pierde la rigidez anterior y se dobla sobre el pecho. Su respiración es a cada momento más agitada: al fin no puede más y se despechuga, despojándose, con un gesto que es mitad de ahogo y mitad de indiferencia, de la corbata. Después vuelve la cabeza*

---

[31] Con estas frases se adelanta desde otra perspectiva algo que el espectador podrá confirmar en el breve monólogo final de Carlos.

[32] Lo que doña Pepita sugería momentos antes acerca de la actuación de Carlos se manifiesta al lector de modo terminante con dos palabras *(asesino, víctima)* de la acotación.

hacia el fondo, como si atendiese a alguna inau-
dible llamada. Luego se levanta, vacilante. Al
hacerlo, derriba involuntariamente con la
manga las fichas del tablero, que ponen con su
discordante ruido una nota agria y brutal en el
momento. Se detiene un segundo, asustado por
el percance, y palpa con tristeza las fichas. Des-
pués avanza haca el cadáver. Ya a su lado, en la
suprema amargura de su soledad irremediable,
cae de rodillas y descubre con un gesto brusco
la pálida faz del muerto, que toca con la desespe-
ranza de quien toca a un dormido que ya no po-
drá despertar. Luego se levanta, como atraído
por una fuerza extraña, y se acerca tanteando al
ventanal. Allí queda inmóvil, frente a la luz de
las estrellas. Una voz grave, que pronto se en-
candece y vibra de pasión infinita —la suya—,
comienza a oírse.)

CARLOS.—... Y ahora están brillando las estrellas con todo
su esplendor, y los videntes gozan de su presencia maravillosa. Esos mundos lejanísimos están ahí, tras los cristales...
(Sus manos, como las alas de un pájaro herido, tiemblan y re-
piquetean contra la cárcel misteriosa del cristal.) ¡Al alcance
de nuestra vista!..., si la tuviéramos...

TELÓN LENTO

GUÍA DE LECTURA

por Mariano de Paco

Antonio Buero Vallejo. Foto archivo Espasa

CRONOLOGÍA

de Antonio Buero Vallejo

1916 Nace el 29 de septiembre en Guadalajara. Hijo de don Francisco Buero, capitán de ingenieros del Ejército, natural de Cádiz, y de doña María Cruz Vallejo, de Taracena (Guadalajara). Su hermano Francisco había nacido en 1911, y en 1926, su hermana Carmen.

1926-1933 Estudia el bachillerato en su ciudad natal y en Larache (Marruecos), adonde fue destinado temporalmente su padre. Muy atraído por el dibujo y la pintura, lee también muchos textos dramáticos de la biblioteca de su padre, con quien frecuenta el teatro. Por su cuenta «El único hombre» recibe en mayo de 1933 el Primer premio del Certamen Literario de la Federación Alcarreña de Estudiantes.

1934-1936 Estudios en la Escuela de Bellas Artes de San Fernando, en Madrid; se afilia a la FUE y da charlas en los cursos nocturnos que esa Federación de estudiantes organiza en la Universidad. Atraído sobre todo por la pintura, lee también incansablemente y asiste con asiduidad a representaciones dramáticas. Comenzada la guerra civil, participa, con otros estudiantes de Bellas Artes, en las labores de la Junta de Protección y Salvamento del Tesoro Artístico. Su padre es detenido por la policía de la República e ingresa en prisión el 17 de oc-

tubre y, muy probablemente, es fusilado el 7 de noviembre de 1936 en Paracuellos del Jarama. Su hermano
Francisco, militar como aquél, es también encarcelado,
pero salva la vida.

1937-1940 Sirve a la República en varios destinos cuando es
movilizada su quinta. Escribe y dibuja en las sucesivas
etapas del periódico del frente *La Voz de la Sanidad* y
participa en diversas actividades culturales; se afilia al
Partido Comunista. En un hospital de Benicasim conoce
a Miguel Hernández. Al finalizar la guerra se encuentra en
Valencia y es recluido en un campo de concentración
en Soneja (Castellón). Una vez liberado, marcha a Madrid, donde es detenido en agosto de 1939 y en un consejo de guerra con procedimiento sumarísimo, celebrado en enero siguiente, se le condena a muerte por
«adhesión a la rebelión». La sentencia se hizo ejecutiva
en marzo de 1940. El enfrentamiento de esta lucha cainita y su proceso y cárcel dejan en el joven Buero una
huella indeleble que se advierte en su obra dramática.

1940-1946 La pena capital se le conmuta por la inferior en
grado, 30 años de reclusión mayor, en octubre de 1940,
mientras que fueron ejecutados cuatro compañeros de
su grupo. Sufre reclusión en diversas prisiones; en la de
Conde de Toreno dibuja el conocido retrato de Miguel
Hernández y los de otros muchos compañeros.

1946 Después de sucesivas rebajas de la condena, en febrero
se le concede la libertad condicional con destierro de
Madrid (reside en Carabanchel Bajo). Deja la pintura y
comienza a escribir teatro.

1947 Es indultado y puede fijar de nuevo su residencia en
Madrid. Publica algún dibujo y sigue pintando, se propone componer una novela y con sus amigos Antonio
Pérez Sánchez y José Romillo Fernández (con los que
luego firmará el de *Historia de una escalera)* prepara
algunos guiones cinematográficos que no llegaron a ro-
darse.

1948 Presenta dos obras, *En la ardiente oscuridad* e *Historia de una escalera,* al Premio Lope de Vega del Ayuntamiento de Madrid, convocado por primera vez después de la guerra civil. Segundo premio del III Certamen Artístico del Ayuntamiento de Guadalajara en el apartado de «Pintura».

1949 *Historia de una escalera* recibe el Premio Lope de Vega y es estrenada en el Teatro Español de Madrid el 14 de octubre de 1949, con dirección de Cayetano Luca de Tena. Ante el gran éxito de público y crítica, la obra sigue en cartel hasta el 22 de enero de 1950; el 19 de diciembre había dejado paso por una noche a *Las palabras en la arena,* primer premio de la Asociación de Amigos de los Quintero (con dirección de Ana Martos de la Escosura).

1950 Estreno de *En la ardiente oscuridad* (Teatro María Guerrero, 1 de diciembre, con dirección de Luis Escobar y de Huberto Pérez de la Ossa). Tiene lugar el primer estreno de Buero fuera de España: en marzo se representa *Historia de una escalera* en Ciudad de México. Versión cinematográfica de *Historia de una escalera* dirigida por Ignacio F. Iquino.

1952 Estreno de *La tejedora de sueños* (Teatro Español, 11 de enero, con dirección de Cayetano Luca de Tena) y de *La señal que se espera* (Teatro Infanta Isabel, 21 de mayo, con dirección de Antonio Vico). La censura prohíbe la versión que Buero hace de *El puente,* del dramaturgo argentino Carlos Gorostiza. En diciembre se presenta *En la ardiente oscuridad* en el Riviera Auditorium de Santa Bárbara (California).

1953 Estrenos en el Teatro Alcázar de *Casi un cuento de hadas* (10 de enero, con dirección de Cayetano Luca de Tena) y de *Madrugada* (9 de diciembre, con dirección de Cayetano Luca de Tena).

1954 No se autoriza la representación de *Aventura en lo gris,* que se publica en la revista *Teatro.* Estreno de *Irene, o* *el tesoro* (Teatro María Guerrero, 14 de diciembre, con dirección de Claudio de la Torre).

1956 Estreno de *Hoy es fiesta* (Teatro María Guerrero, 20 de septiembre, con dirección de Claudio de la Torre). Premios Nacional de Teatro y María Rolland.

1957 Estreno de *Las cartas boca abajo* (Teatro Reina Victoria, 5 de diciembre, con dirección de Fernando Granada). Premio Nacional de Teatro. Versión cinematográfica de *Madrugada*.

1958 Estreno de *Un soñador para un pueblo* (Teatro Español, 18 de diciembre, con dirección de José Tamayo). Premios Nacional de Teatro y María Rolland. Diploma de Honor de los Juegos Florales del Círculo Catalán de Madrid.

1959 *Hoy es fiesta* recibe el Premio de Teatro de la Fundación Juan March, y *Un soñador para un pueblo,* el de la Crítica de Barcelona. Película argentina basada en *En la ardiente oscuridad* (en España se distribuyó en 1962 con el título *Luz en la sombra).* Certificado de liberación definitiva. Contrae matrimonio con la actriz Victoria Rodríguez.

1960 Nace su hijo Carlos. Estreno de *Las Meninas* (Teatro Español, 9 de diciembre, con dirección de José Tamayo), su mayor éxito de público hasta entonces. Premio María Rolland.

1961 Nace su hijo Enrique. Estreno de su versión de *Hamlet, príncipe de Dinamarca,* de William Shakespeare (Teatro Español, 15 de diciembre, con dirección de José Tamayo).

1962 Puesta en escena de *En la ardiente oscuridad* en el Norske Teatret de Oslo, con dirección de Pal Skjonber. Estreno de *El concierto de San Ovidio* (Teatro Goya, 16 de noviembre, con dirección de José Osuna). Premio Larra.

1963 Es aprobada sin cortes la versión definitiva de *Aventura en lo gris,* que se estrena con dirección del autor (Teatro

Club Recoletos, 1 de octubre). Actor en *Llanto por un bandido,* de Carlos Saura. La revista *Cuadernos de Ágora* le dedica un monográfico. Rehúsa la invitación para incorporarse al Consejo Superior de Teatro. Firma, con otros cien intelectuales, una carta de protesta por la represión de la huelga de los mineros asturianos, lo que le provoca «el desvío de editoriales y empresas». Muere su madre.

1964 *La doble historia del doctor Valmy* es presentada a censura, pero no obtiene autorización, como tampoco la logró en dos ocasiones posteriores.

1965 Puesta en escena de *Historia de una escalera* en el Teatro Städtische Bühne, de Dortmund, con dirección de Willem Hoenselars.

1966 Estreno de su versión de *Madre Coraje y sus hijos,* de Bertolt Brecht (Teatro Bellas Artes, 6 de octubre, con dirección de José Tamayo). Conferencias en Universidades de Estados Unidos.

1967 Estreno de *El tragaluz* (Teatro Bellas Artes, 7 de octubre, con dirección de José Osuna). Premios El Espectador y la Crítica, Populares del diario *Pueblo* y Leopoldo Cano. Actor en *Oscuros sueños de agosto,* de Miguel Picazo. Premio Alcor de teatro del Dicasterio de Orientación Católica y Educación (DOCE) por el conjunto de su obra. *El concierto de San Ovidio* es presentado en el Festival de San Miniato por el Teatro Stabile di Genova (26 de agosto).

1968 Reestreno de *Historia de una escalera* (Teatro Marquina, 31 de marzo, con dirección de José Osuna). Socio de Honor de la Casa de Guadalajara en Madrid. Estreno de *La doble historia del doctor Valmy* en Chester (Gateway Theater, 22 de noviembre, versión inglesa de Farris Anderson, con dirección de Julian Oldfield). Publicación en *Primer Acto* de *Mito,* libreto para una ópera sobre Don Quijote que no se ha estrenado.

1969 Miembro honorario de «The American Association of Teachers of Spanish and Portuguese».

1970 Estreno de *El sueño de la razón* (Teatro Reina Victoria,
6 de febrero, con dirección de José Osuna). Premios El
Espectador y la Crítica y Leopoldo Cano. Estreno de *La
doble historia del doctor Valmy,* en español, en Middle-
bury, Vermont (Estados Unidos). *El sueño de la razón*
es presentado en el Festival de San Miniato (25 de
agosto), con dirección de Paolo Giuranna. Emisión de las
versiones televisivas de *Hoy es fiesta* (dir. de Alberto
González Vergel), *La tejedora de sueños* (dir. de José
Luis Tafur), *Madrugada* (dir. de Cayetano Luca de
Tena) y *Las cartas boca abajo* (dir. de Alberto González
Vergel).

1971 Elegido miembro de número de la Real Academia Espa-
ñola para ocupar el sillón X. Miembro de la «Hispanic
Society of America». Estreno de *Llegada de los dioses*
(Teatro Lara, 17 de septiembre, con dirección de José
Osuna). Premio Leopoldo Cano. Emisión de la versión
televisiva de *Historia de una escalera* (dir. de Pedro
Amalio López).

1972 Discurso de ingreso en la Real Academia Española (21
de mayo): «García Lorca ante el esperpento».

1973 Puesta en escena de *El sueño de la razón* en el Teatro de
Arte de Moscú, con dirección de Oleg Efremov; y en el
Volkstheater, de Rostock, con dirección de Hanns An-
selm Perten. Publica *Tres maestros ante el público.*
Emisión de las versiones televisivas de *El concierto de
San Ovidio* (dir. de Pedro Amalio López) y de *En la ar-
diente oscuridad* (dir. de José Luis Tafur).

1974 Estreno de *La Fundación* (Teatro Fígaro, 15 de enero,
con dirección de José Osuna). Premios Mayte, El Espectador y la Crítica, Leopoldo Cano, Long Play, Le
Carrousel y Foro Teatral. Puesta en escena de *El sueño
de la razón* en el Kellertheater, de Leizpig, con dirección de Karl Kayser. Emisión de la versión televisiva de
Las Meninas (dir. de Manuel Ripoll).

1976 Estreno en España de *La doble historia del doctor Valmy* (Teatro Benavente, 29 de enero, con dirección de Alberto González Vergel). Premios El Espectador y la Crítica, Leopoldo Cano, Radio España de teatro y Maratón de teatro de Radio Popular de Madrid. Puesta en escena de *El sueño de la razón* en el Teatro Na Wolf, de Varsovia (16 de marzo), con dirección de Andrzej Wajda. Medalla de Oro de *Gaceta Ilustrada*.

1977 Estreno de *La detonación* (Teatro Bellas Artes, 20 de septiembre, con dirección de José Tamayo). Premios El Espectador y la Crítica y Populares del diario *Pueblo*. Participa en Caracas en la IV Sesión Mundial del Teatro de las Naciones. Emisión de la versión televisiva de *La Fundación* (dir. de José Osuna). Puesta en escena de *El concierto de San Ovidio* en el Teatro Nacional de Bratislava, con dirección de Pavol Haspra; y de *La Fundación* en el Teatro Nacional de Timisoara, Rumanía (abril); y en el Teatro Real Dramaten de Estocolmo (3 de diciembre), con dirección de Alf Sjöberg.

1978 Homenaje en Nueva York en una sesión extraordinaria de la Modern Language Association. Las intervenciones de los ponentes y del autor se reproducen en un monográfico de la revista *Estreno*. Placa de agradecimiento de «El Lebrel Blanco» de Pamplona.

1979 Estreno de *Jueces en la noche* (Teatro Lara, 2 de octubre, con dirección de Alberto González Vergel). Puesta en escena de *La Fundación* en el Norske Teatret, de Oslo, con dirección de Svein Eric Brodal. Edición en la Universidad de Murcia de *El terror inmóvil*, inédito desde su composición en 1949. Invitado de honor en el Congreso de la Asociación Alemana de Hispanistas, dedicado a su obra. Se da el nombre de Antonio Buero Vallejo a un Instituto de Bachillerato de Guadalajara.

1980 Conferenciante en las Universidades de Friburgo, Neuchâtel y Ginebra. Medalla de Plata del Círculo de Bellas

Artes de Madrid. Premio Nacional de Teatro por el conjunto de su producción.

1981 Estreno de *Caimán* (Teatro Reina Victoria, 10 de septiembre, con dirección de Manuel Collado). Premios El Espectador y la Crítica y Long Play. Viaje a la URSS para asistir al Congreso de la Unión de Escritores. Reestreno de *Las cartas boca abajo* (Teatro Lavapiés, 14 de octubre, con dirección de Luis Balaguer). Emisión de la versión televisiva de *Hoy es fiesta* (dir. de Alberto González Vergel).

1982 Estreno de su versión de *El pato silvestre,* de Henrik Ibsen (Teatro María Guerrero, 26 de enero, con dirección de José Luis Alonso). Medalla de la Universidad de Castilla-La Mancha. Emisión de la versión televisiva de *El tragaluz* (dir. de Mercé Vilaret).

1983 Oficial de las Palmas Académicas de Francia. Miembro de Honor del grupo literario «Enjambre».

1984 Estreno de *Diálogo secreto* (Teatro Victoria Eugenia de San Sebastián, 6 de agosto, con dirección de Gustavo Pérez Puig). Premios El Espectador y la Crítica, Long Play y Ercilla. Puesta en escena de *El sueño de la razón* en el Center Stage, de Baltimore, con dirección de Travis Preston. Popular del diario *Nueva Alcarria* y Castellano-Manchego del año de la Casa de Castilla-La Mancha en Madrid. «Vecino de Honor» del Ayuntamiento de Fuendetodos. Placa de agradecimiento de los trabajadores de FASA-Renault. Medalla Valle-Inclán de la Asociación de Escritores y Artistas. *ABC* de Oro.

1985 El Ayuntamiento de Guadalajara crea el Premio de Teatro Antonio Buero Vallejo. Premio Los once de la ONCE.

1986 Reestreno de *El concierto de San Ovidio* (Teatro Español, 25 de abril, con dirección de Miguel Narros); con ese motivo se celebra en el Teatro Español de Madrid un Seminario Internacional acerca de esa obra y una Exposición. Monográfico de *Cuadernos El Público*.

Puesta en escena de *El concierto de San Ovidio* en el Boras Stadteater de Estocolmo, con dirección de Thomas Müller. En un accidente fallece su hijo menor, el actor Enrique Buero Rodríguez. VIII Premio Pablo Iglesias de la Agrupación Socialista de Chamartín. Nombramiento de Hijo predilecto de Guadalajara y Medalla de Oro de esa ciudad. Socio de Honor, Tauromaquia de Oro y Medalla Conmemorativa de la Asociación de Amigos de Goya. Emisión de la versión televisiva de *Diálogo secreto* (dir. de Gustavo Pérez Puig). Estreno de *Lázaro en el laberinto* (Teatro Maravillas, 18 de diciembre, con dirección de Gustavo Pérez Puig). Premios El Espectador y la Crítica y Popular del diario *Nueva Alcarria*. Premio de Literatura en Lengua Castellana Miguel de Cervantes, que se otorga por vez primera a un dramaturgo.

1987 Exposición en la Biblioteca Nacional. Consejero de Honor de la Sociedad General de Autores. Premio Lazarillo. Homenajes del Teatro Arriaga de Bilbao y del Ayuntamiento de Manzanares el Real (Madrid). Asiste en Murcia al Simposio Internacional «Buero Vallejo (Cuarenta años de Teatro)». Número monográfico de la revista *Anthropos.*

1988 Puesta en escena de *El concierto de San Ovidio* en el Wilma Theater de Filadelfia, con dirección de Blanka Zizka. Medalla de Oro de la Comunidad de Castilla-La Mancha. Socio de Honor de la Asociación de Escritores y Artistas Españoles. Premio Seguro de Mapfre Vida. Adaptación cinematográfica de *Un soñador para un pueblo* dirigida por Josefina Molina con el título de *Esquilache.*

1989 Estreno de *Música cercana* (Teatro Arriaga de Bilbao, 18 de agosto, con dirección de Gustavo Pérez Puig). Homenajes del Teatro Arriaga de Bilbao; del Ayuntamiento de Tres Cantos, que inaugura una calle con su nombre; y de El Tormo. Inauguración de la Biblioteca

Municipal Buero Vallejo. En Málaga asiste al Congreso de Literatura Española dedicado a su obra. Emisión de la versión televisiva de *Madrugada* (dir. Mara Recatero). Puesta en escena de *La Fundación* en el Theater for the New City de Nueva York (21 de diciembre), con dirección de James Aoughton.

1991 «Buero Vallejo: el hombre y su obra», primer concurso «colección Austral» de la editorial Espasa Calpe. Reestreno de *El sueño de la razón* (Teatro Rialto de Valencia, 16 de mayo, con dirección de Antoni Tordera). Homenaje del Patronato Municipal de Cultura del Ayuntamiento de Guadalajara y «Socio de Honor» de la Biblioteca Pública. Trofeo «M. C. Vila» de Literatura. Presidente de Honor de la Asociación de Autores de Teatro. Edición de *Tentativas poéticas,* que recoge sus poemas. Emisión de la versión televisiva de *Música cercana* (dir. de Gustavo Pérez Puig).

1993 Homenaje en la I Muestra de Teatro Español de Autores Contemporáneos de Alicante. Premio Caliente y Frío de Radio Intercontinental por elección de los oyentes. Publicación de *Libro de estampas,* presentado por el autor en Murcia. Medalla de Oro al Mérito en las Bellas Artes.

1994 Representaciones de *El sueño de la razón* en el Centro Dramático Nacional (Teatro María Guerrero, 15 de septiembre) y en el Dramatem de Estocolmo. Estreno de *Las trampas del azar* (Teatro Juan Bravo de Segovia, 23 de septiembre, con dirección de Joaquín Vida). Premio de la Asociación de Corresponsales de Prensa Iberoamericana «A la labor profesional 1994. Teatro». Homenaje del Ayuntamiento de Madrid, la Feria del Libro y la Editorial Espasa Calpe. Medalla de Oro de la Sociedad General de Autores y Editores. Inauguración del «Teatro Buero Vallejo» de Alcorcón (Madrid). Publicación de los dos volúmenes de su *Obra Completa.*

1995 Homenaje del Ateneo de Madrid. Emisión de la versión televisiva de *Las trampas del azar* (dir. de Josefina Molina).

1996 Jornadas de «Teatro y Filosofía» en la Universidad
Complutense sobre el teatro de Buero. Homenajes de la
Asociación de Autores de Teatro, del Festival de Otoño
de la Comunidad de Madrid y de la Universidad de
Murcia. Número monográfico de la revista *Montearabí.*
Premio Nacional de las Letras Españolas, por primera
vez concedido a un autor teatral.

1997 Reestreno de *El tragaluz* (Teatro Lope de Vega de Sevi-
lla, 15 de enero, con dirección de Manuel Canseco). Medalla de Honor de la Universidad Carlos III de Madrid.
Medalla de la Universidad de Castilla-La Mancha. Medalla de Oro de la Provincia de Guadalajara. Banda de
Honor de la «Orden de Andrés Bello» de la República
de Venezuela.

1998 Concluye *Misión al pueblo desierto,* su última obra. Reestreno de *La Fundación* (Teatro Campoamor de Oviedo,
17 de noviembre, con dirección de Juan Carlos Pérez de
la Fuente).

1999 *La Fundación* se presenta en enero en el Teatro María
Guerrero de Madrid, sede del Centro Dramático Nacional, y en noviembre en el Teatro Cervantes de Buenos
Aires. Premio de Honor en los Max de las Artes Escéni-
cas. Estreno de *Misión al pueblo desierto* (Teatro Español, 9 de octubre, con dirección de Gustavo Pérez Puig
y Mara Recatero).

2000 El 29 de abril muere en Madrid. Su cuerpo es velado en
el Teatro María Guerrero y el día 30 enterrado en el ce-
menterio de La Paz, de Tres Cantos; en el acto, Ignacio
Amestoy lee un fragmento de *En la ardiente oscuridad*
y Mariano de Paco, la «Elegía a Ramón Sijé», de Miguel Hernández. El 29 de septiembre, aniversario del
nacimiento del dramaturgo, se celebra en el Teatro Moderno de Guadalajara un Homenaje de la Junta de Comunidades de Castilla-La Mancha y la Sociedad General de Autores y Editores con la lectura dramatizada de
La realidad iluminada, dramaturgia sobre textos del au-

tor de Virtudes Serrano y Mariano de Paco con dirección de Miguel Narros. En el mismo lugar se realizaron después mesas redondas de directores, autores y estudiosos del teatro bueriano. La Fundación Juan March organiza el Curso universitario «El teatro de Buero Vallejo» y en Murcia tiene lugar el denominado «Buero Vallejo, dramaturgo universal», en el que participan los más destacados especialistas en su obra, y se representa *Las Meninas,* dirigida por Juan Carlos de Ibarra y con dramaturgia de Virtudes Serrano.

2001 Reestreno de *Madrugada* (Centro Cultural de la Villa de Madrid, 20 de abril, con dirección de Manuel de Blas). Buero recibe, a título póstumo, el Premio Especial Teatro de Rojas en Toledo. Se presenta en Murcia *Buero Vallejo, dramaturgo universal,* volumen que recoge los trabajos del Curso Internacional celebrado el año anterior.

2002 Puesta en escena de *La Fundación* en el Trilogy Theatre, de Nueva York, con dirección de Brian Snapp. Inauguración, el 20 de diciembre, del Teatro Auditorio Buero Vallejo, de Guadalajara. Publicación de sus *Obras Selectas* en Austral Summa.

2003 Reestreno de *Historia de una escalera* por el Centro Dramático Nacional (Teatro María Guerrero, 14 de mayo, con dirección de Juan Carlos Pérez de la Fuente). La revista *El Cultural* la elige como «lo mejor del año» en teatro, y el montaje recibe los premios al mejor director, al mejor decorado y al mejor vestuario de la Asociación de Directores de Escena; el Mayte, su director; la actriz Bárbara Goneaga, el premio de la Unión de Actores a la Mejor Actriz de Reparto; y Óscar Tusquets, el *Max* a la Mejor Escenografía. La obra se publica por vez primera en inglés. La Junta de Comunidades de Castilla-La Mancha organiza en Almagro la Exposición «El tiempo recobrado. La historia a través de la obra de

Antonio Buero Vallejo», y edita *Buero después de Buero*.

2004 Estreno de la versión china de *Historia de una escalera* en Pekín (Teatro Yifu, 28 de febrero, con dirección de Ren Ming).

2005 *Historia de una escalera* recibe el Premio Ercilla 2004 al Mejor Espectáculo Teatral. Televisión Española graba, para el programa «Estudio 1», *La doble historia del doctor Valmy,* con dirección de Alberto González Vergel.

DOCUMENTACIÓN COMPLEMENTARIA

1. SEMBLANZA

Este hombre aguileño, de tez blanca (casi papelosa), cabeza breve y andar pausado, es Antonio Buero Vallejo, el que nació en Guadalajara; el que trajo a los escenarios españoles —saturados de la dulce comedia y el divertimiento gaseoso— los acordes graves del drama.

Por ahí viene, despacioso, como el que cuenta los pasos, ligeramente alzado su perfil rococó, desafiante su nariz de espátula, pujante el agudo botón de su nuez. Siempre hay en él cierto gesto de «doloroso sentir», de no se sabe qué melancolía. [...]

Buero, gran amador de los humildes, de los encogidos, de los pobres de espíritu, de los perseguidos por la vida y las injusticias de los hombres, ha logrado un teatro de robusto fondo moral, lleno de piedad y comprensión para estos dramas silentes, dramas de los humildes en los que nadie repara. De sus ambientes amargos —tan amargos como la vida misma—, de sus personajes truncados —truncados como todo mortal—, se desprende siempre un tácito rayo de consuelo, de esperanza, de amor. Consuelo, esperanza y amor reales, auténticos, viriles. Nacidos de las dolorosas cicatrizaciones, como nacen siempre las esperanzas y el consuelo de los hombres de carne y hueso. Lejos de él, el fariseísmo irresponsable, las esperanzas prefabricadas, artificiales, inmorales, por falsas.

(F. García Pavón, «A. Buero Vallejo. Dramaturgo», *Índice*, 115, agosto de 1958, pág. 17).

2. EL TEATRO DE BUERO VISTO POR SU AUTOR

Viene a ser, pues, el mío un teatro de carácter trágico. Está formado por obras que apenas pueden responder a las interrogaciones que las animan con otra cosa que con la reiteración conmovida de la pregunta; con la conmovida duda ante los problemas humanos que entrevé. Con frecuencia, llega esto en mis dramas a literal realidad: el «ritornello» de una frase clave o de una situación clave denuncian la final persistencia de las cuestiones planteadas. [...]

La interrogante que esas exploraciones suelen envolver no excluye, sin embargo, ni en las obras ni en su autor, convicciones muy positivas; posiciones definidas ante problemas concretos; afirmaciones, respuestas y hasta tesis parciales. La implícita convicción, por ejemplo, de que los hombres no son necesariamente víctimas pasivas de la fatalidad, sino colectivos e individuales artífices de sus venturas y desgracias. Convicción que no se opone a la tragedia, sino que la confirma.

(Antonio Buero Vallejo, «El teatro de Buero Vallejo visto por Buero Vallejo», *Primer Acto,* 1, abril de 1957. Reproducido en *Obra Completa,* II, edición crítica de Luis Iglesias Feijoo y de Mariano de Paco, Madrid, Espasa Calpe, 1994, págs. 410-411).

3. SOBRE *EN LA ARDIENTE OSCURIDAD*

Yo diría que de los dos polos de toda dramaturgia completa, el que podríamos llamar polo filosófico, o acaso metafísico, y el que podríamos llamar polo social, mi primera obra de ciegos *[En la ardiente oscuridad]* se inclina con preferencia hacia el primero y esta última *[El concierto de San Ovidio]* hacia el segundo. Ahora bien, esto no quiere decir que en la primera no se incluyan también resonancias de carácter social, y que en la segunda falten las de orden filosófico. Personalmente, creo más lograda la última porque, si sus valores dramáticos no me parecen inferiores, ni en el fondo distintos, de los de la primera, creo que, además, gana a ésta en una mayor realidad de atmósfera o ambiente. Pero en ambas, como acabo de insinuar, se plantea la misma cuestión, la de una sana rebeldía contra nuestras limitaciones que se plantee la posibilidad de superarlas. Ambas quieren ser tragedias. Ambas quieren, por ello, servir a lo que en mi criterio determina el último significado de lo trágico: a la esperanza humana. En la primera, esto actúa sólo implícitamente bajo la forma de una tragedia cerrada y sin salida. En la segunda obra más explícitamente, recordando ya en el texto algunas de las consecuencias positivas que pudieron sobrevenir de aquel hecho trágico. Son éstas dos formas de lo trágico, de apariencia opuesta, pero igualmente abiertas en el fondo y cuyos primeros ejemplos hallamos en los griegos mismos. No pretendo, ni mucho menos, haber logrado la grandeza de aquéllos, pero sí contribuir en la medida de mis fuerzas a la reaclimatación, que juzgo tan necesaria para nosotros, de su sentido actual de lo trágico. O sea, un sentido que actúe de cara a dolores y problemas, no sólo permanentes, sino rigurosamente contemporáneos. La distancia de la historia, como en la última, o del espacio como, en cierto modo, implica la falta de localización de la primera, son, como es sabido, instrumentos eficaces para intentarlo. Otros dirán hasta qué grado, tal vez pequeño, alcanzan mis fuerzas para lograrlo.

(Antonio Buero Vallejo, «La ceguera en mi teatro», *La Carreta,* 12, septiembre de 1963. Reproducido en *Obra Completa,* II, ed. cit., pág. 431).

Si criticásemos de *En la ardiente oscuridad* solamente su trama teatral, su forma externa, nos veríamos obligados a considerar a Buero Vallejo como el más negativo de los literatos con respecto al ciego, ya que hace triunfar plenamente la opinión pesimista sobre la optimista: Ignacio triunfa siempre, incluso después de muerto. Mas la ceguera sigue ahí, invencible, no superada ni por el hombre que más se rebela contra ella. Ignacio es también ciego. Pero el autor va mucho más allá en sus intenciones. La obra tiene un valor simbólico incomparablemente más rico. Quiere representar la limitación humana, para lo cual le sirven al autor magníficamente los ciegos. [...] Ignacio y Carlos encarnan dos posturas del hombre frente a su limitación: asumirla y negarla. [...] Carlos ve con horror su limitación, su ceguera e intenta huir de ella negándola. Ignacio asume su limitación valientemente, pero sin fe, sin esperanza alguna de triunfar, sin proponérselo siquiera, hundiéndose en una estéril desesperación.

En esta desesperación o, por mejor decir, desesperanza, se ve patentemente la influencia que el autor recibe de Kant. Es el agnosticismo kantiano que no admite el acceso a las metas, a las ideas.

Remontándonos más, podemos ver también con toda claridad el influjo platónico —consciente o inconsciente— que se manifiesta de modo directo sobre la forma de la obra, y, pasando a través de Kant, en cuanto al fondo.

(Enrique Pajón Mecloy, «¿Ciegos o símbolos?», *Sirio*, 2, abril de 1962. También, en Mariano de Paco, ed., *Estudios sobre Buero Vallejo*, Murcia, Universidad de Murcia, 1984, págs. 240-241).

La dimensión histórica y social del fenómeno [de la ceguera] explica el sentido de la rebelión hasta en el caso de Ignacio. No era muy fácil comprender que se rebelase contra una desgracia sin remedio cuya responsabilidad no recaía sobre nadie ni nada; una desgracia sin origen definido, sin razón ni sentido. No por ello resulta menos trágica la enfermedad puesto que significa la privación de algo sustantivo, de algo que es «mío», de un derecho absoluto. Además, el carácter gratuito de la rebelión de Ignacio le confiere una excepcional grandeza. Pero vivimos en una época en que la grandeza por la grandeza ya no nos puede satisfacer. Lo que Ignacio exige de hecho es que todo el mundo reconozca la injusticia hecha a los ciegos, la proclame como tal, al mismo tiempo que el «derecho a ver» de cada uno. La culpa de la sociedad, lo que el desgraciado joven le reprocha, es que quiere minimizar la ceguera, hacerla olvidar; es una forma de complicidad, y tanto más grave (moralmente grave) cuanto que proporciona a todos una conciencia tranquila. Tratándose de la ceguera «ontológica», se comprende mal cuál podría ser la actitud de los videntes (si los hay en este caso). Pero si la ceguera indica o simboliza una privación de carácter social, entonces la culpa de los demás no puede negarse y la rebelión se justifica por su índole política.

Sea o no prácticamente posible, no hay salvación sino a partir del momento en que se asume la injusticia —o sea, el momento en que se admite que la realidad de la ceguera no es una definición «desde Sirio», sino la manera como los mismos ciegos viven—. Lo demás es mixtificación. Ignacio condena la actitud del «como si», excusa sin valor, justificación fácil, huida ante la responsabilidad propia.

> (Jean-Paul Borel, «Buero Vallejo: Teatro y Política», *Revista de Occidente,* 17, agosto de 1964. También, en Mariano de Paco, ed., *Estudios sobre Buero Vallejo,* cit., págs. 44-45).

En 1990 el profesor y director teatral Ricard Salvat presentó dos montajes de *En la ardiente oscuridad* en el Teatro Romea de Murcia; las dos versiones eran diferentes: la primera se situaba en el año de la escritura del texto (con actores más experimentados) y la segunda en el mismo año de la representación (con jóvenes estudiantes). Ambas constituyeron un gran éxito y el director repitió la experiencia en el Departamento de Drama de la Universidad de Puerto Rico con el mismo acierto; Salvat realizó poco después en Barcelona una cuarta puesta en escena. Uno de los aspectos más destacables de todas ellas fue el de evidenciar la *actualidad* y la *universalidad* que el texto mostraba, como señaló a propósito del montaje de Río Piedras un profesor universitario que intervino en él:

Ante la propuesta de trabajo de Ricard Salvat se suscitaron preguntas como: ¿qué tenía la obra de Buero que decirle a los puertorriqueños en 1992?, ¿aportaba algo montar una pieza dramática que aludía claramente a una «realidad histórica española» pasada? Para sorpresa de todos, *En la ardiente oscuridad* se transformó en la oscuridad puertorriqueña. Allí estábamos retratados: ciegos frente a la evidente manipulación de nuestras vidas y felices de vivir ajenos a la realidad circundante. No recuerdo obra de Buero Vallejo que mejor se ajuste a la realidad puertorriqueña que *En la ardiente oscuridad*. La obra tendrá vigencia mientras existan fuerzas que pretendan coartar la denuncia y el cambio social, e intenten perpetuar la ceguera y complacencia de la sociedad. El gran éxito de la producción universitaria puertorriqueña fue la reaparición de Buero Vallejo en la escena nacional con más relevancia que nunca antes. Su obra tiene mucho que decir aún a los que no somos españoles.

(José Félix Gómez Aponte, «Puerto Rico: La ardiente oscuridad», *Assaig de Teatre,* 2-3, julio 1995, pág. 173).

Además de realista —frente a un Ignacio idealista— Carlos defiende los principios objetivos que su estricto racionalismo considera necesarios para que el desarrollo social sea posible. A cualquier precio, claro está. Individuos como Carlos garantizan la evolución y supervivencia de cualquier grupo social que intente ocupar un sitio en el mundo real. Es cierto que ellos son ciegos; pero otros son mancos, cojos, enfermos, muertos de hambre o de tuberculosis. «La razón no puede fracasar, y nosotros la tenemos», dice al comienzo del segundo acto. Y, en la obra, Carlos será el responsable de la supervivencia de la Institución cuyo edificio empezaba a resquebrajarse tras la irrupción de Ignacio. Restablecido el orden, renunciará a las explicaciones de Juana, porque jamás pensó que hubiera dejado de amarlo. Tampoco aceptará las veladas palabras de comprensión —¿o es amor?— de doña Pepita en la última escena. Ante el cadáver de Ignacio, todavía caliente, rechaza por «innecesario» el afecto que se le brinda en esos momentos. No quiere piedad de Juana; tampoco gratitud. Sencillamente, ha cumplido con su deber.

(Antonio Iniesta Galvañ, *Esperar sin esperanza. El teatro de Antonio Buero Vallejo,* Murcia, Universidad de Murcia-Real Academia de Bellas Artes Santa María de la Arrixaca, 2002, págs. 132-133).

Cuando volví a internarme hace unos días en la profunda trama de *En la ardiente oscuridad* no pude dejar de vincular la ceguera de sus personajes con la nuestra. A mí también, como diría su personaje Ignacio, me habría gustado mucho mirar a Buero a los ojos. Y seguramente fue esta sensación la que influyó en mí en esta nueva lectura para hacerme sentir con más intensidad el drama —la tragedia— que envuelve a estos personajes. [...] En esta segunda lectura vuelvo a coincidir con [el autor] acerca de su personal interpretación de la obra. Los enfrentamientos pasionales y metafísicos que surgen entre los personajes y que son comentados por Buero con precisión y amplitud no caben ser repetidos en este humilde texto que posiblemente no alcance la condición de prólogo.

Pero existe, tal vez, un espacio dejado voluntariamente por el autor para que yo, cincuenta años después y tan lejos, pueda ocuparlo. Y es el significado especial que la luz —protagonista indiscutible de la pieza— asume a lo largo de todas las escenas donde reina sólo la oscuridad. Mi modesta interpretación es que aquella oscuridad, la que durante tantos años tuvo que vivir España —y también Buero—, fue quizá la inspiradora inconsciente de esta tragedia. Fueron demasiados los años sin luz para no haber sentido su ausencia con la intensidad con que supongo la sintió Buero. Seguramente fue ese sentimiento el que lo impulsó a escribir *En la ardiente oscuridad,* un teatro que tiene mucho de clásico y mucho de trágico. Como Buero lo quería.

(Carlos Gorostiza, Prólogo a Antonio Buero Vallejo *En la ardiente oscuridad,* Buenos Aires, Stockcero, 2004, págs. 9-10).

TALLER DE LECTURA

El texto teatral reúne en un todo dos realidades: la de pertenecer a un género *literario,* en el que residen los valores estilísticos derivados de la *función poética* a la que está sometida la *lengua,* y la de incluir la virtualidad de un espectáculo *(texto secundario o espectacular),* de donde derivan los datos para la puesta en escena de la obra representada. Al leer literatura dramática es preciso que el receptor se disponga a percibir el mensaje literario y, a un tiempo, a vislumbrar su representación. Sólo al considerar esa dualidad es posible captar toda la riqueza de sus varias posibilidades expresivas.

CLAVES PARA UNA LECTURA DRAMATÚRGICA DE *EN LA ARDIENTE OSCURIDAD*

1. CONTENIDO Y ESTRUCTURA

El texto dramático, como acto comunicativo que es, contiene un haz de significados y transmite un mensaje, muy profundo en ocasiones, que precisa de múltiples procesos para ser descodificado. Una primera aproximación ofrece una historia *(fábula)* desarrollada por personajes situados en un tiempo y en un espacio determinados. Con ella, el autor expresa algo que lo inquieta o llama su atención *(tema)* y lo proyecta hacia el público (distinto en cada momento de la lectura o la representación) con el fin de atraer su interés. Para lograrlo, coloca a sus criaturas en situaciones de conflicto *(trama)* que alterarán el destino de éstas durante el relato escénico mediante cambios en su estado o variaciones en la trayectoria de su existencia *(peripecia)*.

— Tras una lectura atenta del texto, fíjese el *tema* o *asunto* principal y distínganse los distintos *elementos temáticos* que en él confluyen y lo enriquecen. Puede analizarse el subtema político, a partir de las nociones de falsa libertad, espacio cerrado donde se construye una ficción de normalidad, o la ceguera como símbolo de una sociedad que no desea enfrentarse con su realidad. Pueden utilizarse como punto de partida los apartados correspondientes de la Introducción y, a partir de ellos, elaborar y discutir otras propuestas sugeridas por la lectura del texto.

— Teniendo en cuenta lo expuesto en el apartado «La ceguera, tema y símbolo», analícese esta deficiencia física como elemento temático principal en su doble dimensión.

— La ceguera, como otras taras físicas (la falta de oído) o psicológicas (la locura), ha sido utilizada por el dramaturgo desde esta su primera obra escrita como un símbolo; no obstante, como indicamos en la Introducción, el estreno de *En la ardiente oscuridad* levantó críticas hacia el dramaturgo por creer quienes se limitaron a su superficie que atentaba contra la voluntad de superación de los que no veían. Razónese por qué en realidad el autor, valiéndose de los ciegos, estaba hablando en profundidad de España y de los españoles y del hombre y sus limitaciones,

— Después de conocer la obra y haber leído la Introducción en lo que se refiere a este tema, léanse detenidamente los textos de Enrique Pajón y de Jean-Paul Borel reproducidos en la Documentación complemen-

taria y discútase la razón o la falta de la misma que tenían quienes entendieron la obra desde la mera apariencia.

— La obra viene estructurada en tres actos; para mejor
proceder a su análisis, realícese un breve resumen de la
trama y establézcase una fragmentación en escenas
atendiendo a la presencia o ausencia en el espacio re-
presentable de los personajes más significativos. Por
ejemplo, la llegada de Ignacio al lugar en donde se han
ido congregando los estudiantes al comienzo del primer
acto marca una nueva situación y una nueva escena pre-
sidida por este personaje.

— Puede llevarse a cabo además una secuenciación
más pormenorizada de las escenas si tomamos como
punto de partida el motivo de interés principal que
ocupa en cada momento a los personajes.

— Con estas pautas, realícese un esquema de los elementos del contenido de cada acto.

— Al efectuar las actividades anteriores se observará que
surgen del texto diversas claves temáticas que serán re-
formuladas en otras obras del autor por constituir preocupaciones constantes del dramaturgo. Desde este punto de
vista, examínense las oposiciones: «verdad/mentira»;
«luz/oscuridad»; «ciego/vidente».

— Teniendo en cuenta la fecha de la escritura del texto
y la experiencia vital del dramaturgo, condenado años
antes a muerte por el régimen del general Franco «por
adhesión a la rebelión», analícese la dicotomía «paz/
guerra», presente de forma constante en el texto. Hágase un recuento de las voces y expresiones de contenido bélico, violento o que indiquen la actitud de los
vencedores, como la «moral de acero» con la que es
preciso, según la norma del internado, impregnar a Ignacio.

— A pesar de lo que a primera vista pueda sugerir el
final de esta pieza, para Buero es esencial la idea de la

«esperanza trágica», y el propio Ignacio, en el acto tercero, insiste en su misión esperanzadora cuando habla
con Carlos. Reléase el pasaje aludido y debátase el
tema de la esperanza en esta y otras obras de su autor,
quien afirmó que escribir es ya un síntoma de tal actitud: «Se escribe porque se espera, pese a toda duda.
Pese a toda duda, creo y espero en el hombre, como espero y creo en otras cosas: en la verdad, en la belleza,
en la rectitud, en la libertad».

2. EL GÉNERO

En la Introducción hemos ubicado la dramaturgia bueriana
dentro de la modalidad trágica. Su autor afirmaba: «La vida
entera y verdadera es siempre, a mi juicio, trágica» y lo que él
pretendió con su teatro fue poner un espejo ante el espectador
donde éste viese reflejada esa vida «verdadera», trasladada a
un teatro que recuperase la tragedia como género para el ciu-
dadano contemporáneo. Para ello presenta a sus personajes,
seres de la realidad cotidiana del tiempo de la escritura, some-
tidos a la acción del *destino,* entendido en nuestra época como
las limitaciones y condicionamientos del ser humano; los coloca en situación de *reconocer* que han incurrido en el error
(hamartya) por culpa de su soberbia *(hibris);* y provoca en el
espectador la purificación de sus culpas *(catarsis)* a partir de
la contemplación de las acciones que originan la *catástrofe.*
Realícense, a partir de estas ideas, el análisis y debate sobre:

— La acción del *destino.* ¿De qué manera está repre-
sentado para cada uno de los personajes? Préstese aten-
ción especial a la pareja de antagonistas compuesta por
Carlos e Ignacio.
— El sentido, desde esta perspectiva, de la cita del
Evangelio de San Juan situada al comienzo de la obra:
«Y la luz en las tinieblas resplandece; mas las tinieblas

no la comprendieron». ¿En qué medida influye en la re-
solución de la historia dramática?

— Aunque Ignacio soporta la catástrofe en sentido absoluto, analícese el desenlace para Carlos, quien, a pesar de que sobrevive, ha alterado su futuro al conta-
giarse de la «ardiente oscuridad» que predica Ignacio.

Durante el proceso dramático se van produciendo situaciones
de *reconocimiento*. La *verdad* que surge durante los enfrentamientos de los antagonistas principales, Ignacio y Carlos; en las
conversaciones de aquél con Juana y en los comentarios que las
ideas del nuevo compañero suscitan entre los demás.

— Analícense estas situaciones y destáquense las que
más influencia ejercen en el proceso dramático.

La *catarsis* afecta a los individuos de la historia, cuando son
capaces de *reconocerse,* y al receptor, cuando descubre el efecto
del error o las dimensiones de la mentira y sus consecuencias.

— Señálense los momentos en que los personajes se encuentran en dicha situación y obsérvese este efecto en el
público indicando las claves que lo proporcionan. Este
ejercicio puede efectuarse sobre los textos en los que el
reconocimiento ha ejercido su misión clarificadora.

3. LAS ACOTACIONES

El diálogo entre personajes ha sido considerado elemento
distintivo y caracterizador del drama; no obstante, el espectáculo emana en muy gran medida de las *acotaciones* [1]. Contie-

---

[1]   En nuestro análisis y en las propuestas de trabajo, nos referimos (con
términos procedentes de distintos teóricos del hecho teatral) a estos textos
descriptivo-narrativos como *acotaciones, didascalias* o *textos secundarios,*

nen éstas el punto de vista del autor sobre el montaje de su texto y lo trasladan a los lectores (pertenecientes o no a la práctica teatral) para que *construyan* su particular *puesta en escena;* en ellas residen las nociones de tiempo y espacio; las indicaciones gestuales, de posición y de movimiento para los actores, así como la caracterización física y psicológica de los mismos. Signos procedentes de la luz, el color, las sombras, los sonidos, la música o los objetos se localizan también en estos textos. El dramaturgo brinda así mismo desde las *acotaciones* las pautas para poner en pie la obra, desde sus aspectos más objetivos (entradas y salidas de personajes, disposición del decorado, vestuario, valores del *espacio escénico);* o focalizando el punto de vista del receptor para mostrar su mirada sobre las situaciones y los personajes.

Basándonos en estas dos actitudes, denominamos *acotaciones funcionales* a las que se encuentran objetivamente orientadas a la puesta en escena y *acotaciones autónomas* a las que, a veces sin prescindir de esta finalidad, tienen un tratamiento lingüístico subjetivo que conduce al lector hacia el punto de vista del dramaturgo, quien, consciente del problema de los personajes, actúa muchas veces en esta pieza como narrador omnisciente, al describir los estados de ánimo que motivan sus gestos y reacciones.

— Realícese el análisis de las acotaciones para distinguir en ellas los dos modos señalados, partiendo del empleo o no de los procedimientos connotativos de la lengua literaria.
— Trabájese sobre el *realismo* del discurso de estos textos y el *simbolismo* que en ellos se contiene.

---

usándolos como sinónimos. Utilizamos también la dicotomía *texto espectacular-texto literario* para diferenciar *acotaciones* y *diálogo;* y *acotación implícita* para designar los indicios de teatralidad contenidos en el discurso de los personajes.

Junto a las *acotaciones explícitas,* la información sobre gestos, actitudes, intenciones o comportamientos puede llegar en las llamadas *acotaciones implícitas* contenidas en el diálogo o *texto principal;* éstas completan aspectos representables, sobre todo estados de ánimo, gestualidad y movimientos. Además, ofrecen al receptor el punto de vista de los mismos personajes sobre lo que sucede y sobre los demás participantes en el drama.

— Búsquese en la pieza este sistema de *acotaciones* para comprobar cómo el dramaturgo ofrece, aun sin enunciarlos, diversos matices que ilustran la lectura escénica que proponemos.

— Préstese atención a la palabra «ciego» y compruébese cómo el dramaturgo toma partido por Ignacio al definir así en las acotaciones a los miembros de la comunidad escolar que a sí mismos se denominan «invidentes».

— Analícese la adjetivación que en las acotaciones emplea el autor para describir el espacio y a cada uno de sus moradores, así como las apreciaciones personales sobre sus actitudes; por ejemplo, en la primera acotación indica: «Algunos llevan gafas negras, para velar, sin duda, un espectáculo demasiado desagradable a los demás; o, tal vez, por simple coquetería. Son ciegos jóvenes y felices, al parecer». Tanto la valoración del «espectáculo» de la ceguera para quienes la contemplan, como la duda final, «al parecer», implican una toma de postura y, como consecuencia, un punto de vista crítico con el sistema de vida que, desde los habitantes de la residencia, se proyecta al receptor.

Además de lo que habitualmente se entiende por *acotaciones,* también hemos de clasificar así otros textos que influyen en la comprensión de la obra o en su puesta en pie. Desde este punto de vista, se pueden considerar *didascalias:* el título que

la presenta; la enumeración de los personajes y, en la pieza
que comentamos, el versículo evangélico y la estrofa de Miguel Hernández, ambos colocados bajo el título con un sentido
notoriamente focalizador del punto de vista del lector.

— Analícese, teniendo todo ello en cuenta, el título de
la obra, en concordancia con el sentido trascendente
que Ignacio da a la ceguera.

— Préstese atención a la ausencia de precisiones clarificadoras añadidas al nombre de los personajes en el
«Reparto». Tan sólo destacan por su tratamiento de cortesía los directores de la institución y, por el distanciamiento que sobre él hay proyectado, el padre de Ignacio. Tal indeterminación convierte al grupo en personaje
colectivo, lo que facilita su relación significativa con
los planos político y de condición humana que se hallan
en el nivel simbólico del texto.

— Razónese en qué medida, en la obra, la sombra «recoge» la luz, como poéticamente enuncia la cita de Miguel Hernández.

4. EL TIEMPO

El tiempo es un elemento básico del género dramático que
puede examinarse desde múltiples perspectivas (en lo referido
al texto, a su representación o al momento de la recepción por
los diferentes posibles lectores-espectadores); en esta obra, el
tiempo de la historia dramática transcurre durante una mañana, una tarde y una noche, correspondiendo con los actos
primero, segundo y tercero; pero, bajo su apariencia de proceso continuado, los signos escénicos y el comportamiento y
relación de los personajes advierten de un proceso temporal
omitido a los ojos del espectador pero que ha dejado su huella
en los integrantes del relato. Este tiempo que afecta al plano
de los contenidos da origen a otro tiempo abstracto *(media-*

dor) que une el de los acontecimientos de la escena con el de los receptores, quienes, en su virtud, quedarán facultados para enjuiciar su propia realidad a partir de lo contemplado.

Esta última noción poseyó una significación muy particular en el momento de la escritura y el estreno de la obra para una sociedad, la de los años cincuenta, que vivía, bajo la dictadura, en una falsa noción de normalidad, y es precisamente por la fusión de los tiempos por lo que se enriquecía la dimensión simbólica de la historia, parábola de una tiránica situación político-social que, a la vez, expresaba una cotidiana realidad. Para el receptor actual, tal significado lleva a la recuperación de un tiempo pasado que debe funcionar como reactivo para evitar los mismos errores en el presente.

— Indíquense los rasgos físicos que delatan en los personajes el paso del tiempo.

— Compóngase una hipótesis sobre lo que pudo suceder durante el tiempo omitido entre los actos primero y segundo, segundo y tercero, con los datos que dan los personajes en sus diálogos y el autor en sus acotaciones.

— Destáquense las frases que incluyen nociones temporales.

— Debátase el tema del tiempo en relación con el momento del estreno de la obra; la situación política y la actitud de valiente oposición del dramaturgo.

— Analícese el final, desde la perspectiva de futuro de los residentes y, en especial, de Carlos.

— Imagínense posibles continuaciones de la obra en uno o varios personajes, después de haber compartido las ideas revolucionarias de Ignacio y la trágica experiencia del desenlace.

— Desde el trasfondo simbólico que *En la ardiente oscuridad* transmite (una sociedad ciega, enajenada en una falsa normalidad), piénsese en las falacias en las que se hace vivir a los ciudadanos del mundo de hoy.

La justificación de lo injustificable (la guerra, la pobreza, el hambre, los abusos conocidos y permitidos) y las manipulaciones a las que el ser humano está sometido por poderes que, como en la pieza bueriana, no desean que se reconozca que existe la *ceguera*. Debátase, a partir de ello, el poder de los medios de comunicación y las maniobras de distracción que los que ostentan o detentan el mando llevan a cabo para cegar a los individuos impidiéndoles que perciban lo que se halla fuera del recinto acotado del «primer mundo».

— Con la perspectiva anterior, profundícese en la actualidad de este texto de Buero Vallejo.

5. EL ESPACIO

Como el tiempo, el espacio es un componente fundamental del teatro, que, por su capacidad de representar historias ante el público, precisa de un lugar en el que situarlas. Hemos visto que *En la ardiente oscuridad* muestra un espacio único, el de la residencia de estudiantes, coto cerrado donde puede provocarse la ilusoria creencia de los estudiantes guiados por doña Pepita y don Pablo. Este espacio está descrito detalladamente, lo que llevaría a pensar en una dimensión realista de la pieza. No obstante, como el resto de los elementos de la misma, el espacio adquiere otros valores, relacionados con las intenciones políticas y sociales del autor. Además, a pesar de su unidad, los terrenos en donde transcurre el drama se hallan en diversas dependencias del edificio, y aun fuera de él.

— Enumérense los lugares nombrados por los estudiantes y ocupados por ellos en presencia del receptor. Observaremos que existen espacios descritos, *omitidos* a la vista de los posibles espectadores, como lo es la calle, que poseen una función dramatúrgica importante para corroborar la tesis de invalidez que defiende Ignacio ante la seguridad de Carlos. Resúmanse las situaciones de conflicto vividas en tal medio, según las relatan los jóvenes.

— Un espacio referido pero siempre oculto al receptor es el patio de juegos de la residencia. Considérese la importancia de tal lugar en relación con el desenlace de la pieza.

— Analícense el sentido y la importancia del cielo estrellado; primero para Ignacio como deseo inalcanzable; después, en el desenlace, para Carlos.

— El «fumadero» es el punto de reunión de los jóvenes. Allí hablan de sus cosas y se sienten seguros. Razónese el cambio de la seguridad a la incertidumbre que se opera en Carlos al ser manipulado por Ignacio su espacio. Dada la oposición entre ambos jóvenes, el espacio que ocupan es siempre el del conflicto dramático.

— Adviértase el significado de campo de batalla que adquiere el «fumadero» cuando, durante el acto segundo, Ignacio y Carlos se enfrentan. De la misma forma, la zona de juegos se convertirá en el espacio de la traición tras el final de Ignacio. Pero el lector-espectador no puede tener certeza de lo que ha sucedido; el dramaturgo no le ha permitido estar tras el ventanal con doña Pepita, única conocedora objetiva de la verdad.

— Analícese la posición del lector-espectador fuera del espacio de la traición y enumérense los indicios que en el texto del acto tercero lo alertan sobre lo que se prepara, permitiéndole así juzgar lo sucedido.

— Dada la condición de los personajes, es de sumo interés prestar atención al espacio sonoro creado por los golpes del bastón de Carlos y la efectividad dramática de este objeto en cada caso.

— Considérese el valor funcional y la dimensión simbólica que crea el espacio sonoro al escucharse en el tercer acto «La muerte de Ase» del *Peer Gynt* de Grieg.

6. LOS PERSONAJES

En la Introducción ha quedado destacada la importancia de Ignacio y Carlos como los sujetos, respectivamente, del «sueño» y de la «acción», dos elementos que se relacionan con su significado simbólico. Pero en todo texto bueriano el símbolo viene expresado a partir de seres y situaciones de la realidad. Teniéndolo en cuenta, podemos abordar el análisis de algunos de los personajes, advirtiendo que las fuentes de información que nos facilita el texto dramático se hallan en las acotaciones, donde el autor los describe física y, a veces, psicológicamente; en lo que hacen y dicen de sí mismos y en lo que de ellos opinan los demás.

— Obsérvese desde esta perspectiva múltiple a Carlos y a Ignacio y valórese hasta qué punto ninguno de los dos es del todo puro en sus motivos y actuaciones.

— Céntrese la atención en el personaje de Ignacio como héroe trágico (recuérdese lo que indicamos en el apartado del comentario relativo al género): ¿En qué medida su naturaleza participa de la *hibris* (actitud soberbia que le hace creer que podrá con sus fuerzas hacer frente al *destino)?;* ¿de qué modo incurre en la *hamartya* (error) y qué consecuencias soporta por ello?

— Carlos, como personaje, ofrece una apariencia de seguridad y hace gala de nobleza al comienzo, tanto como líder de sus compañeros como en su tarea de aconsejar al nuevo y moderar a los otros. Obsérvese el cambio que se opera en él, los motivos que disculpan sus nuevas actitudes ante Ignacio y la falta de justificación de sus acciones finales.

— Analícese la personalidad de Miguelín, partiendo de las fuentes de información antes enunciadas que el texto ofrece.

— Con Juana, el dramaturgo ha construido una personalidad femenina que será frecuente en su teatro. Es limpia en sus afectos y no está contaminada por el deseo de dominio que sí posee Carlos. Pertenece a una clase de mujeres buerianas que constituyen los personajes positivos sumergidos en los conflictos de los demás. Normalmente, y como sucede en la primera etapa del dramaturgo, estas mujeres, de mente clara y capacidad afectiva, son sometidas por la brutalidad de los hombres que las rodean. Más adelante, sus heroínas tomarán la iniciativa y pasarán a una acción que les permita buscar la verdad en el universo inauténtico en el que se hallan. Buero afirmaba su convencimiento de que la parte mejor de la humanidad eran las mujeres; no obstante, dado que su teatro está ideado con una función especular para el espectador, no omite personajes femeninos con rasgos negativos, como lo es doña Pepita, en posición dominante por su capacidad de ver en un mundo de ciegos.

— Analícense según esta pauta la evolución de Juana y el comportamiento y las reacciones de Elisa.

— Llévese a cabo el estudio de la labor de doña Pepita, especialmente en el final de la pieza, y su capacidad manipuladora con relación a Carlos.

— El resto de los estudiantes configura el personaje colectivo, el bloque social. Examínense sus caracteres como tal.

7. EL LENGUAJE

En teatro, además del lenguaje verbal se congregan una gran variedad de códigos que poseen significado dramatúrgico (recuérdese, por ejemplo, el valor de símbolo que adquiere el aspecto de los estudiantes y cómo la alteración del mismo va marcando la evolución de su mentalidad).

— Enumérense signos no verbales que caractericen a los personajes, que ofrezcan nociones temporales o que posean valor simbólico.

— Analícese el simbolismo del cielo estrellado y el de la imagen de las invisibles luces que lo pueblan.

La palabra no es sólo el vehículo de transmisión del mensaje, sino que actúa además como elemento caracterizador de la misma forma que el maquillaje, el vestuario o el peinado.

— Realícese un análisis de la lengua de los personajes en función de su edad y condición de estudiantes. Hágase un listado de palabras y expresiones correspondientes a tal condición.

— Tras una exploración del habla estudiantil propia, establézcase la distancia entre aquella y esta época, intentando trasladar los contenidos del texto a expresiones actuales.

8. Conclusión

Antonio Buero Vallejo fue un pensador comprometido y un escritor excepcional en la historia de la escena española y en el teatro occidental contemporáneo. Su calidad como dramaturgo lo llevó a unir siempre a la hondura en los temas la investigación sobre las dificultades técnicas de la puesta en escena. En esta obra es preciso detener la atención en el alcance, en ese doble sentido, del efecto de participación física que supone para el espectador el apagón del final del tercer acto. Analícese con detenimiento la secuencia donde se produce y considérese su novedad con relación al teatro que se venía representando en la posguerra en nuestros escenarios.

— Valórese *En la ardiente oscuridad* desde su recepción actual.